Gerechter Frieden

Reihe herausgegeben von
Ines-Jacqueline Werkner, Heidelberg, Deutschland
Sarah Jäger, Heidelberg, Deutschland

„Si vis pacem para pacem" (Wenn du den Frieden willst, bereite den Frieden vor.) – unter dieser Maxime steht das Leitbild des gerechten Friedens, das in Deutschland, aber auch in großen Teilen der ökumenischen Bewegung weltweit als friedensethischer Konsens gelten kann. Damit verbunden ist ein Perspektivenwechsel: Nicht mehr der Krieg, sondern der Frieden steht im Fokus des neuen Konzeptes. Dennoch bleibt die Frage nach der Anwendung von Waffengewalt auch für den gerechten Frieden virulent, gilt diese nach wie vor als Ultima Ratio. Das Paradigma des gerechten Friedens einschließlich der rechtserhaltenden Gewalt steht auch im Mittelpunkt der Friedensdenkschrift der Evangelischen Kirche in Deutschland (EKD) von 2007. Seitdem hat sich die politische Weltlage erheblich verändert; es stellen sich neue friedens- und sicherheitspolitische Anforderungen. Zudem fordern qualitativ neuartige Entwicklungen wie autonome Waffensysteme im Bereich der Rüstung oder auch der Cyberwar als eine neue Form der Kriegsführung die Friedensethik heraus. Damit ergibt sich die Notwendigkeit, Analysen fortzuführen, sie um neue Problemlagen zu erweitern sowie Konkretionen vorzunehmen. Im Rahmen eines dreijährigen Konsultationsprozesses, der vom Rat der EKD und der Evangelischen Friedensarbeit unterstützt und von der Evangelischen Seelsorge in der Bundeswehr gefördert wird, stellen sich vier interdisziplinär zusammengesetzte Arbeitsgruppen dieser Aufgabe. Die Reihe präsentiert die Ergebnisse dieses Prozesses. Sie behandelt Grundsatzfragen (I), Fragen zur Gewalt (II), Frieden und Recht (III) sowie politisch-ethische Herausforderungen (IV).

Weitere Bände in der Reihe http://www.springer.com/series/15668

Ines-Jacqueline Werkner ·
Thomas Hoppe
(Hrsg.)

Nukleare Abschreckung in friedensethischer Perspektive

Fragen zur Gewalt · Band 7

Hrsg.
Ines-Jacqueline Werkner
Forschungsstätte der Evangelischen
Studiengemeinschaft e.V.
Heidelberg, Deutschland

Thomas Hoppe
Fakultat für Geistes- und
Sozialwissenschaften
Helmut-Schmidt-Universität,
Universität der Bundeswehr
Hamburg
Hamburg, Deutschland

ISSN 2662-2726 ISSN 2662-2734 (electronic)
Gerechter Frieden
ISBN 978-3-658-28058-1 ISBN 978-3-658-28059-8 (eBook)
https://doi.org/10.1007/978-3-658-28059-8

Die Deutsche Nationalbibliothek verzeichnet diese Publikation in der Deutschen Nationalbibliografie; detaillierte bibliografische Daten sind im Internet über http://dnb.d-nb.de abrufbar.

Springer VS
© Springer Fachmedien Wiesbaden GmbH, ein Teil von Springer Nature 2019
Das Werk einschließlich aller seiner Teile ist urheberrechtlich geschützt. Jede Verwertung, die nicht ausdrücklich vom Urheberrechtsgesetz zugelassen ist, bedarf der vorherigen Zustimmung des Verlags. Das gilt insbesondere für Vervielfältigungen, Bearbeitungen, Übersetzungen, Mikroverfilmungen und die Einspeicherung und Verarbeitung in elektronischen Systemen.
Die Wiedergabe von allgemein beschreibenden Bezeichnungen, Marken, Unternehmensnamen etc. in diesem Werk bedeutet nicht, dass diese frei durch jedermann benutzt werden dürfen. Die Berechtigung zur Benutzung unterliegt, auch ohne gesonderten Hinweis hierzu, den Regeln des Markenrechts. Die Rechte des jeweiligen Zeicheninhabers sind zu beachten.
Der Verlag, die Autoren und die Herausgeber gehen davon aus, dass die Angaben und Informationen in diesem Werk zum Zeitpunkt der Veröffentlichung vollständig und korrekt sind. Weder der Verlag, noch die Autoren oder die Herausgeber übernehmen, ausdrücklich oder implizit, Gewähr für den Inhalt des Werkes, etwaige Fehler oder Äußerungen. Der Verlag bleibt im Hinblick auf geografische Zuordnungen und Gebietsbezeichnungen in veröffentlichten Karten und Institutionsadressen neutral.

Verantwortlich im Verlag: Jan Treibel

Springer VS ist ein Imprint der eingetragenen Gesellschaft Springer Fachmedien Wiesbaden GmbH und ist ein Teil von Springer Nature.
Die Anschrift der Gesellschaft ist: Abraham-Lincoln-Str. 46, 65189 Wiesbaden, Germany

Inhalt

Nukleare Abschreckung – eine „heute noch mögliche"
ethische Option? 1
Ines-Jacqueline Werkner

Zur Aktualität der Heidelberger Thesen in der
Nuklearfrage 13
Wolfgang Lienemann

Zur Aktualität der Heidelberger Thesen in der
Nuklearfrage – ein Kontrapunkt 47
Ines-Jacqueline Werkner

Nukleare Abschreckung – zur Perspektive der römisch-
katholischen Kirche 63
Klaus Ebeling

Zur Politik und Ethik nuklearer Abschreckung unter
veränderten internationalen Bedingungen 85
Peter Rudolf

Neue Typen von Kernwaffen und ihren Trägern.
Gefahren für die strategische Stabilität 105
Jürgen Altmann

Die völkerrechtliche Dimension von
Massenvernichtungswaffen und nuklearer
Abschreckung 125
Hans-Joachim Heintze

Der Vertrag über das Verbot von Nuklearwaffen
und negative Sicherheitsgarantien 143
Heinz Gärtner

Nukleare Abschreckung in der Kritik politischer Ethik ... 159
Thomas Hoppe

Autorinnen und Autoren 179

Nukleare Abschreckung – eine „heute noch mögliche" ethische Option?

Ines-Jacqueline Werkner

1   Einleitung

Fragen nach der Legitimität militärischer Gewaltanwendung sind der Friedensethik inhärent. Das trifft in besonderem Maße auf Waffen zu, deren Einsatz das Ende der Menschheit bedeuten könnte. So galten Kriege unter den Bedingungen des atomaren Zeitalters als nicht mehr führbar.[1] Dementsprechend lehnten die Kirchen zwar einhellig den Atomkrieg ab, nicht jedoch in gleicher Weise die nukleare Abschreckung.

Die Wiederbewaffnung Deutschlands in den 1950er Jahren und damit einhergehende Pläne einer atomaren Bewaffnung der Bundeswehr im Rahmen der NATO-Strategie drohten die evangelische Kirche zu spalten (vgl. u. a. Howe 1959; Eisenbart 2012).

---

1   Für die dramatische Wirkung nuklearer Waffen sind drei Hauptzerstörungsformen verantwortlich: die Hitzestrahlung (35 Prozent der Energie), die Druckwelle (50 Prozent) sowie die radioaktive Strahlung (5 Prozent Sofortstrahlung und 10 Prozent verzögerte radioaktive Strahlung) (ausführlicher hierzu Altmann et al. 2017, S. 76ff.).

© Springer Fachmedien Wiesbaden GmbH, ein Teil von Springer Nature 2019
I.-J. Werkner und T. Hoppe (Hrsg.), *Nukleare Abschreckung in friedensethischer Perspektive*, Gerechter Frieden,
https://doi.org/10.1007/978-3-658-28059-8_1

Dabei standen sich Vertreterinnen und Vertreter zweier christlicher Grundpositionen unversöhnlich gegenüber: zum einen diejenigen, die es für notwendig erachteten, angesichts der noch nicht erlösten Welt den Frieden notfalls auch mit militärischen Mitteln zu sichern – dies schloss (mit Ausnahme der Nuklearpazifisten) die atomare Abschreckung mit ein; zum anderen jene, die im Hinblick auf die Botschaft des Evangeliums und um ihrer Unmittelbarkeit und Deutlichkeit willen schon im Hier und Jetzt jegliche militärische Gewaltanwendung ablehnten. Angesichts der damaligen Kontroversen galt es, „unter dem Evangelium zusammen [zu bleiben]" (EKD-Synode 1958, zit. nach Härle 2011, S. 396). Dies gelang mit den Heidelberger Thesen (1959). Die dort entwickelte Kompromissformel bestand darin, beide Positionen als „komplementär" zu betrachten (vgl. auch Werkner 2013).

Die Friedensdenkschrift der Evangelischen Kirche in Deutschland (EKD) von 2007 stellt diese seit 60 Jahren in der evangelischen Friedensethik dominierende Denkfigur der Komplementarität infrage: So könne für die einen „die Drohung mit Nuklearwaffen *heute nicht mehr* als Mittel legitimer Selbstverteidigung betrachtet werden" (EKD 2007, Ziff. 162, Hervorh. im Original). Für die anderen bleibe dagegen „die Abschreckung gültiges Prinzip" (EKD 2007, Ziff. 164). Erstere Position findet sich auch im Vorwort zu dieser Denkschrift. So konstatiert der damalige Ratsvorsitzende der EKD Wolfgang Huber: „[D]ie Drohung mit dem Einsatz nuklearer Waffen sei in der Gegenwart friedensethisch nicht mehr zu rechtfertigen" (EKD 2007, S. 9). Befriedigen kann dies insofern nicht, als sich die Friedensdenkschrift in keinerlei Weise zu den friedenspolitischen Konsequenzen einer möglichen Aufgabe nuklearer Abschreckung äußert. Das ist nicht unerheblich, sind Soldatinnen und Soldaten der Bundeswehr im Rahmen der nuklearen Teilhabe genau dieser „friedensethisch nicht mehr zu rechtfertigen[den]" Situation ausgesetzt. Das belegt dezidiert auch die aktuelle NATO-Strategie:

Einführung

„Die Abschreckung auf der Grundlage einer geeigneten Mischung aus nuklearen und konventionellen Fähigkeiten bleibt ein Kernelement unserer Gesamtstrategie. [...] Der oberste Garant für die Sicherheit der Bündnispartner sind die strategischen nuklearen Kräfte unseres Bündnisses" (NATO 2010, Ziff. 17f.).

Ohne jeden Zweifel haben sich die weltpolitischen Konstellationen, die zu den Heidelberger Thesen führten, mit dem Ende des Kalten Krieges verändert: Die Bipolarität ist einer Multilateralität gewichen; das macht Abschreckungsstrategien per se unsicherer. Nichtsdestotrotz erleben die alten Großmachtrivalitäten und die nukleare Abschreckung eine Renaissance (vgl. Rudolf 2018). „Auch wenn die ideologische Auseinandersetzung fehlt, auf militärischer Ebene ist man zurück im Kalten Krieg" (Kühn 2016). Die nuklearen Arsenale der klassischen Nuklearwaffenstaaten werden fortlaufend modernisiert. Dazu wurden auch umfassende Forschungs- und Simulationsprogramme eingerichtet. Mit der Weiterentwicklung insbesondere der taktischen Nuklearwaffen scheinen Nuklearkriege führbar und gewinnbar. So setzen auch aktuelle Militärstrategien – sei es von Russland, den USA oder der NATO – nicht nur auf nukleare Abschreckung, diese beinhalten Optionen des nuklearen Erstschlages, und das auch im Falle nichtnuklearer Bedrohungen (zum Beispiel bei Cyberangriffen). Zugleich stagnieren Rüstungskontroll- und Abrüstungsverhandlungen. Quantitative Abrüstung geht mit einer qualitativen Aufrüstung einher (vgl. u. a. Kankeleit und Ratsch 2012). Bestehende Verträge sind „entweder veraltet, porös oder hinfällig" (Kühn 2016). Erst jüngst haben die USA und Russland den INF-Vertrag aufgekündigt. Dem 2017 in Kraft getretenen Atomwaffenverbotsvertrag, bisher von 122 Staaten unterzeichnet, fehlt es an politischer Relevanz, distanzieren sich sämtliche Nuklear- und NATO-Staaten von ihm. Ein weiteres Risiko stellen die inoffiziellen Nuklearstaaten (Israel, Indien, Pakistan, Nordkorea) dar. Im April 2017 eskalierte die Situation in Nordkorea. Dem verbalen Schlagabtausch zwischen Kim Jong-un und Donald Trump folgte die Drohung auf beiden Seiten, im Falle eines Krieges Atomwaffen einzusetzen. Diese Krise ist nach wie vor nicht beigelegt. Die Proliferationsgefahr geht aber noch weiter, können auch substaatliche Akteure und Terroristen Zugriff auf Massenvernichtungswaffen erhalten (Nuklearterrorismus).[2]

Diese hier nur stichpunktartig aufgeführten aktuellen Entwicklungen erheben keinen Anspruch auf Vollständigkeit. Vielmehr dienen sie als Problemanzeige, die zum Ausgangspunkt genommen werden soll, die (De-)Legitimation nuklearer Abschreckung sowie die Stellung der Heidelberger Thesen für die heutige Zeit kritisch zu hinterfragen und friedensethisch zu reflektieren.

2 Zu Begriff und Funktionsweise der Abschreckung

Abschreckung stellt ein an sich einfaches Prinzip dar:

> „The concept of deterrence is simple, prevention by threat. One side advertises the damaging consequences of an act, to prevent an adversary from acting" (Mandelbaum 1979, S. 47).

Häufig erfolgt die Begriffsbestimmung in Anlehnung an Henry Kissinger:

> „Abschreckung verlangt Macht, Bereitschaft, sie zu nutzen, und auf Seiten des Gegners das Bewußtsein, daß beides auf der anderen Seite vorhanden ist. Abschreckung ist darüber hinaus nicht die Summe dieser Faktoren, sondern ein Produkt aus ihnen. Sinkt

---

2 Zu den aktuellen nuklearen Gefahren vgl. u. a. Wisotzki (2004), Dembinski und Müller (2010), BICC (2013), Kühn (2016), Rudolf (2018) und Richter (2018).

Einführung

einer auf Null, wird Abschreckung wirkungslos" (Kissinger 1961, S. 24; vgl. auch Delbrück 1989).

Dies impliziert einen Mechanismus der Interdependenz von Konflikt und Kooperation. Beide sind konstitutiv: „[E]inem Gegner klar zu machen, aus eigenem Interesse bestimmte Absichten aufzugeben, setzt ein zweiseitiges, kooperatives Verhältnis voraus" (Senghaas 1981, S. 122). Abschreckung wirkt nur, solange „die Drohung der einen die Intentionen und das Verhalten der anderen Seite überhaupt beeinflussen kann" (Senghaas 1981, S. 122). Dies gilt für beide Seiten; so wird auch das eigene Verhalten von dem des Gegners beeinflusst (vgl. Senghaas 1981, S. 123). Diese Form der Interdependenz setzt rational handelnde Akteure voraus. Ließ sich zu Zeiten der Bipolarität des Ost-West-Konflikts von einer Rationalität der Akteure ausgehen, lassen heute potenzielle Gegner wie nuklear bewaffnete *failed states* oder terroristische Gruppen durchaus Zweifel daran aufkommen.

Das Konzept der nuklearen Abschreckung basiert auf zwei zentralen Voraussetzungen: Zum einen bedarf es der *Unverwundbarkeit*. Abschreckung funktioniert nur, wenn die Waffen zu jeder Zeit und in einer Weise zur Verfügung stehen, die es dem Gegner unmöglich machen, sie durch einen Erstschlag vollständig zu zerstören. Gefordert ist eine Zweitschlagsfähigkeit, das heißt das Potenzial, mit atomaren Waffen auf einen nuklearen Erstschlag des Gegners reagieren zu können: „Die gesicherte Fähigkeit zum nuklearen Gegenschlag gilt als das wichtigste Kriterium für nukleare Abschreckung" (Krell 1984, S. 80; vgl. auch Langendörfer 1987, S. 127ff.). Diese lässt sich auf verschiedene Weise erreichen, beispielsweise durch die Härtung von Raketensilos, die Verteilung der Nuklearwaffen auf mehrere Trägerarten (Bomber, Landraketen, U-Boot-Raketen) oder einen vorzeitigen Start der eigenen Raketen (in der Zeit zwischen Anflug und Auftreffen der gegnerischen

Sprengköpfe). Insbesondere Letzteres birgt die Gefahr, durch einen Fehlalarm einen Nuklearkrieg auszulösen (vgl. Altmann et al. 2017, S. 103). Aber auch prinzipiell impliziert die Unverwundbarkeit ein Dilemma: Sie muss „auf Dauer funktionieren", ohne genau zu wissen, ob sie „tatsächlich funktioniert".[3]

Zum anderen erfordert Abschreckung *Glaubwürdigkeit*, das heißt die „hinreichende Entschlossenheit […], wirklich militärisch aktiv zu werden, ‚if deterrence fails'" (Langendörfer 1987, S. 122). Friedensethisch stellt diese Forderung eines der zentralen Dilemmata nuklearer Abschreckung dar. So lassen sich die Drohung mit und der Einsatz von Nuklearwaffen zwar ethisch unterscheiden, voneinander zu trennen sind sie dagegen nicht (vgl. Quinlan 1989, S. 209). Das trifft für jede Form der Abschreckung zu; allerdings verweisen Nuklearwaffen auf die spezifische Ambivalenz dieser Strategie. Galt zu Zeiten des Kalten Krieges der Frieden als Ernstfall und der Atomkrieg als Synonym für das Ende der Menschheit, hat sich diese Konstellation verändert: Angesichts neuer taktischer Waffen scheinen heute begrenzte nukleare Kriege im militärisch Machbaren zu liegen. Das erklärt dann auch nukleare Erstangriffsoptionen in aktuellen Militärstrategien.

In diesem Kontext wird zwischen strategischen und taktischen Kernwaffen unterschieden: *Strategische Kernwaffen* gelten als vorrangig politische Waffen. Sie sind gekennzeichnet durch ein enormes Zerstörungspotenzial. Es sind „solche, die Bevölkerungszentren, zentrale staatliche Einrichtungen oder Zentren der militärischen Führung angreifen können" (Altmann et al. 2017, S. 88). *Taktische Kernwaffen* sind „für das Schlachtfeld"; sie zeichnen sich durch eine geringe Sprengkraft aus und können „gegen gegnerische Truppen in relativ kurzer Entfernung eingesetzt werden"

---

3 https://www.atomwaffena-z.info/heute/die-atomare-welt/abschreckung.html. Zugegriffen: 31. Januar 2019.

(Altmann et al. 2017, S. 94). Ein Großteil der taktischen Waffen besitzt allerdings eine Zerstörungskraft, die mit den Bomben von Hiroshima und Nagasaki vergleichbar ist. Seit den 2000er Jahren bestehen verstärkt auch Erwägungen zur Entwicklung sogenannter „Mini-Nukes" (vgl. Barleon 2012).

3 Zu diesem Band

Die aktuellen technologischen und weltpolitischen Entwicklungen geben den Anstoß, die nukleare Abschreckung erneut in den Blick zu nehmen. Der Band reflektiert ihre Voraussetzungen und Risiken und hinterfragt die Gültigkeit der Komplementarität der Heidelberger Thesen als friedensethische Kompromissformel für unsere heutige Zeit.

Den Ausgangspunkt dieses Bandes bildet die Debatte um die Komplementaritätsthese der Heidelberger Thesen. Hat diese seit Ende der 1950er Jahre in der Evangelischen Kirche in Deutschland dazu beigetragen, trotz unvereinbarer Positionen zur militärischen Gewaltanwendung, insbesondere zur nuklearen Abschreckung, unter dem Evangelium zusammenzubleiben, stellt die Friedensdenkschrift der EKD diese Kompromissformel infrage. Vor diesem Hintergrund gehen die Beiträge von *Wolfgang Lienemann* und *Ines-Jacqueline Werkner* der Frage nach, welche Bedeutung friedensethisch heute der Komplementarität und dem „Noch" der Heidelberger Thesen zukommen. Die Antworten fallen konträr aus: Während Lienemann dafür plädiert, die moralische Legitimierbarkeit von Kernwaffen und Nuklearstrategien eindeutig zu verneinen, nimmt Werkner eine Gegenposition ein. Sie argumentiert – ohne damit das (langfristige) Ziel der Ächtung von Nuklearwaffen zu negieren – für ein Ernstnehmen der friedensethischen Komplementarität der Heidelberger Thesen. Dabei müsse sich das „Noch" unter Rückgriff auf die Grundidee gemeinsamer Sicherheit mit rüstungspolitischen Schritten verbinden.

Klaus Ebeling nimmt die veränderten Rahmenbedingungen und ihre Auswirkungen auf die Strategie der nuklearen Abschreckung aus katholischer Perspektive in den Blick. Hier prägen insbesondere die jüngsten Stellungnahmen von Papst Franziskus die zunehmend kritische Debatte. Vor dem Hintergrund historischer Stationen und Argumentationen interpretiert der Autor die jüngsten Aussagen des Heiligen Stuhls mit Blick auf die aktuelle weltpolitische Situation. Dabei dient ihm eine prozessethische Reflexion, Missverständnisse im aktuellen Einschätzungsstreit aufzudecken.

Peter Rudolf konstatiert eine Ära neuer Großmachtrivalitäten bei gleichzeitiger Erosion der „überkommenen Nuklearordnung, die auf Abschreckung, faktischem Nicht-Einsatz, Rüstungskontrolle und Nichtverbreitung gegründet war". Er untersucht die Auswirkungen dieser Entwicklungen auf die politischen und ethischen Grundannahmen nuklearer Abschreckung. Nach ihm bleibe die ethische Problematik nuklearer Abschreckung unaufhebbar. Die zunehmende Komplexität der Weltpolitik, insbesondere der Wandel von der Bi- zur Multipolarität, verschärfe diese noch und erhöhe das nukleare Risiko. Das veranlasst ihn, sich für eine Aufgabe von Nuklearstrategien auszusprechen.

Jürgen Altmann widmet sich der Thematik aus naturwissenschaftlicher Perspektive. Ausgehend von grundlegenden Ausführungen zur Zerstörungskraft atomarer Waffen und bestehenden Kernwaffenarsenalen nimmt er die neuen Typen von Kernwaffen, insbesondere die „kleinen" Nuklearwaffen, und ihre – auch neuartigen – Träger in den Blick. Er geht der Frage nach, welche Gefahren für die strategische Stabilität von ihnen ausgehen. Unabhängig von der Größe derartiger Waffen bestehe – so der Autor – die Gefahr einer Eskalation, so dass nach wie vor eine Einsicht über die Nichtführbarkeit atomarer Kriege unabdingbar sei.

Hans-Joachim Heintze nimmt die völkerrechtliche Dimension der nuklearen Abschreckung in den Blick. Grundsätzlich beschränke oder verbiete das Völkerrecht die Rüstung von Staaten nicht. Während biologische und chemische Massenvernichtungswaffen aber für fast alle Staaten verboten sei, gestalte sich ein solches Verbot für atomare Waffen schwieriger. Der Beitrag beleuchtet die rechtlichen Regelungen zur Beschränkung beziehungsweise zum Verbot von Nuklearwaffen: vom 1970 in Kraft getretenen Nichtverbreitungsvertrag über das IGH-Rechtsgutachten zu Atomwaffen von 1996 und seinen Grauzonen bis hin zum Atomwaffenverbotsvertrag von 2017.

Heinz Gärtner reflektiert den Atomwaffenverbotsvertrag, könne dieser, sofern er in der Lage sei, Wirkung zu entfalten, nukleare Abschreckung überflüssig machen. 2017 stimmten 122 Staaten für den Atomwaffenverbotsvertrag, darunter keine Nuklearwaffen- und NATO-Staaten, womit die relevanten Akteure bis heute nicht in den Vertrag eingebunden sind. Der Beitrag analysiert die Chancen, die der Atomwaffenverbotsvertrag trotz seiner Polarisierung bieten kann, und fragt nach möglichen Zwischenschritten auf dem Weg zu einem umfassenden Verbot von Kernwaffen.

In einer abschließenden Synthese führt *Thomas Hoppe* die Argumentationslinien des Bandes noch einmal zusammen. Ausgehend von zwei Grundfragen – nach den Motiven derjenigen, die die Strategie der nuklearen Abschreckung für notwendig erachten, und den Auswirkungen dieser Politik für die Menschheit – analysiert er die Aporetik der Abschreckungsdoktrin, hinterfragt das Ende der ethischen Tolerierbarkeit nuklearer Abschreckung und reflektiert Schritte zu ihrer Überwindung.

Literatur

Altmann, Jürgen, Ute Bernhardt, Kathryn Nixdorff, Ingo Ruhmann und Dieter Wöhrle. 2017. *Naturwissenschaft – Rüstung – Frieden. Basiswissen für die Friedensforschung*. 2. Aufl. Wiesbaden: Springer VS.
Barleon, Leopold. 2012. Heben Mini-Nukes die Singularität auf? In *Die Singuläre Waffe. Was bleibt vom Atomzeitalter?*, hrsg. von Constanze Eisenbart, 129–141. Wiesbaden: Springer VS.
Bonn International Center for Conversion (BICC). 2013. Nuklearstrategie – Zwischen Abschreckung und Einsatzdoktrin. https://sicherheitspolitik.bpb.de/m6/articles/nuclear-strategy-between-deterrence-and. Zugegriffen: 12. Februar 2019.
CDU, CSU und SPD. 2018. *Ein neuer Aufbruch für Europa. Eine neue Dynamik für Deutschland. Ein neuer Zusammenhalt für unser Land. Koalitionsvertrag zwischen CDU, CSU und SPD. 19. Legislaturperiode*. Berlin.
Delbrück, Jost. 1989. Abschreckung. In *Pipers Wörterbuch zur Politik. Politikwissenschaft: Theorien – Methoden – Begriffe. Bd. 1*, hrsg. von Dieter Nohlen, 4–5. 3. Aufl. München: Piper.
Dembinski, Matthias und Harald Müller. 2010. *Das Neue Strategische Konzept der NATO und die Zukunft der nuklearen Abrüstung in Europa*. Frankfurt a. M.: HSFK.
Eisenbart, Constanze. 2012. Die Sprache des atomaren Mythos – Anmerkungen zu einer protestantischen Debatte. In *Die Singuläre Waffe. Was bleibt vom Atomzeitalter?*, hrsg. von Constanze Eisenbart, 31–46. Wiesbaden: Springer VS.
Evangelische Kirche in Deutschland (EKD) (Hrsg.). 2007. *Aus Gottes Frieden leben – für gerechten Frieden sorgen. Eine Denkschrift des Rates der Evangelischen Kirche in Deutschland*. Gütersloh: Gütersloher Verlagshaus.
Härle, Wilfried. 2011. *Ethik*. Berlin: de Gruyter.
Heidelberger Thesen zur Frage von Krieg und Frieden im Atomzeitalter. 1959. In *Christliche Ethik und Sicherheitspolitik. Beiträge zur Friedensdiskussion*. 1982, hrsg. von Erwin Wilkens, 237–247. Frankfurt a. M.: Evangelisches Verlagswerk.
Howe, Günter (Hrsg.). 1959. *Atomzeitalter. Krieg und Frieden*. Witten: Eckart Verlag.

Kankeleit, Egbert und Ulrich Ratsch. 2012. Quantitative Abrüstung und qualitative Aufrüstung. In *Die Singuläre Waffe. Was bleibt vom Atomzeitalter?*, hrsg. von Constanze Eisenbart, 117–128. Wiesbaden: Springer VS.

Kissinger, Henry. 1961. *Die Entscheidung drängt. Grundfragen westlicher Außenpolitik*. Düsseldorf: Econ-Verlag.

Krell, Gert. 1984. Zur Problematik der nuklearen Optionen. In *Kernwaffen im Ost-West-Vergleich. Zur Beurteilung militärischer Potentiale und Fähigkeiten*, hrsg. von Erhard Forndran und Gert Krell, 79–116. Baden-Baden: Nomos.

Kühn, Ulrich. 2016. NATO-Gipfel: Nukleare Abschreckung, nukleare Abrüstung. https://www.boell.de/de/2016/07/01/nato-gipfel-nukleare-abschreckung-nukleare-abruestung. Zugegriffen: 12. Februar 2019.

Langendörfer, Hans. 1987. *Atomare Abschreckung und kirchliche Friedensethik*. Mainz: Grünewald und München: Kaiser.

Mandelbaum, Michael. 1979. *The Nuclear Question*. Cambridge: Cambridge University Press.

NATO. 2010. *Aktives Engagement, moderne Verteidigung. Strategisches Konzept für die Verteidigung und Sicherheit der Mitglieder der NATO*. Lissabon: NATO.

Quinlan, Michael. 1989. Die Ethik der nuklearen Abschreckung. Eine Kritik des Hirtenbriefs der amerikanischen Bischöfe. In *Nukleare Abschreckung – Politische und ethische Interpretationen einer neuen Realität*, hrsg. von Uwe Nerlich und Trutz Rendtorff, 185–220. Baden-Baden: Nomos.

Richter, Wolfgang. 2018. *Erneuerung der nuklearen Abschreckung*. Berlin: Stiftung Wissenschaft und Politik.

Rudolf, Peter. 2018. *US-Geopolitik und nukleare Abschreckung in der Ära neuer Großmachtrivalitäten*. Berlin: Stiftung Wissenschaft und Politik.

Senghaas, Dieter. 1981. *Abschreckung und Frieden. Studien zur Kritik organisierter Friedlosigkeit*. 3. Aufl. Frankfurt a. M.: Europäische Verlagsanstalt.

Werkner, Ines-Jacqueline. 2013. Komplementarität als Königsweg christlicher Friedensethik? Kontroversen im Spannungsfeld von Pazifismus und militärischer Gewalt. *S+F Sicherheit und Frieden – Security and Peace* 31 (3): 133–139.

Wisotzki, Simone. 2004. *Abschreckung ohne Ende? Die ambivalente Nuklearwaffenpolitik Großbritanniens und Frankreichs*. Frankfurt a. M.: Hessische Stiftung Friedens- und Konfliktforschung.

Zur Aktualität der Heidelberger Thesen in der Nuklearfrage

Wolfgang Lienemann

1 Einleitung

Die „Heidelberger Thesen" von 1959 bildeten viele Jahre lang eine wichtige Diskussionsgrundlage und Orientierungshilfe für die Friedensethik evangelischer Kirchen in Deutschland. Sie fassten seinerzeit die Ergebnisse einer Kommission der Evangelischen Studiengemeinschaft zusammen und erschienen erstmals 1959 in dem Buch „Atomzeitalter – Krieg und Frieden" (Howe 1963a). Wenige Jahre nach der Entscheidung für die Wiederbewaffnung der Bundesrepublik Deutschland und angesichts der Stationierung US-amerikanischer Atomwaffen auf deren Territorium war die Sorge vor einem drohenden Atomkrieg groß. Auf beiden Seiten des Eisernen Vorhanges standen mächtige Militärpotenziale. Deutsche Streitkräfte in Ost und West wären im Kriegsfall unweigerlich einbezogen worden. Die katastrophalen Folgen eines Atomkrieges waren unvorstellbar.[1]

---

[1] Eine ausführliche Fassung des Beitrages mit einem erweiterten Anmerkungsapparat findet sich auf http://www.lienemann-perrin.ch.

© Springer Fachmedien Wiesbaden GmbH, ein Teil von Springer Nature 2019
I.-J. Werkner und T. Hoppe (Hrsg.), *Nukleare Abschreckung in friedensethischer Perspektive*, Gerechter Frieden,
https://doi.org/10.1007/978-3-658-28059-8_2

In dieser Lage hatten die Heidelberger Thesen mehrere Ziele: Sie sollten in Grundzügen über die militärischen Tatsachen und Möglichkeiten informieren, die Bedingungen des Friedens im „Atomzeitalter" zu klären versuchen und der Militärseelsorge bei der Erfüllung ihrer Aufgaben helfen. Im Kern ging es dabei um die ethische Bewertung von Massenvernichtungswaffen, vorab der Atomwaffen. Wenn deren Einsatz rechtlich und ethisch nicht akzeptabel ist – können sie dann gleichwohl zu Zwecken der Kriegsverhütung durch Abschreckung dienen? Die damals und bis heute umstrittene Antwort auf diese zentrale Frage lautete: Für eine Übergangszeit kann die atomare Abschreckung als eine „heute noch mögliche christliche Handlungsweise" anerkannt werden, es kommt aber vor allem auf eine langfristige Ächtung und Abschaffung der Atomwaffen und eine Überwindung der Institution des Krieges an.

Der Beitrag stellt zuerst den Inhalt, die Ziele und die sachlichen Probleme der Heidelberger Thesen dar (2). Sodann erörtert er die wichtigsten Kritikpunkte, die seit vielen Jahren in der Diskussion sind (3). Schließlich diskutiert er Alternativen zur Position der Thesen und weiterführende Perspektiven (4).

2 Positionen und Aporien der Heidelberger Thesen

Die Thesen fassen die Beratungen der damaligen Kommission zusammen und wurden am 28. April 1959 von den Kommissionsmitgliedern „einmütig" angenommen.

Die knappen und viel zitierten Leitsätze der Heidelberger Thesen lauten:

1. Der Weltfriede wird zur Lebensbedingung des technischen Zeitalters.
2. Der Christ muß von sich einen besonderen Beitrag zur Herstellung des Friedens verlangen.
3. Der Krieg muß in einer andauernden und fortschreitenden Anstrengung abgeschafft werden.
4. Die tätige Teilnahme an dieser Arbeit für den Frieden ist unsere einfachste und selbstverständlichste Pflicht.
5. Der Weg zum Weltfrieden führt durch eine Zone der Gefährdung des Rechts und der Freiheit, denn die klassische Rechtfertigung des Krieges versagt.
6. Wir müssen versuchen, die verschiedenen im Dilemma der Atomwaffen getroffenen Gewissensentscheidungen als komplementäres Handeln zu verstehen.
7. Die Kirche muß den Waffenverzicht als eine christliche Handlungsweise anerkennen.
8. Die Kirche muß die Beteiligung an dem Versuch, durch das Dasein von Atomwaffen einen Frieden in Freiheit zu sichern, als eine heute noch mögliche christliche Handlungsweise anerkennen.
9. Für den Soldaten einer atomar bewaffneten Armee gilt: Wer A gesagt hat, muß damit rechnen, B sagen zu müssen; aber wehe den Leichtfertigen!
10. Wenn die Kirche überhaupt zur großen Politik das Wort nimmt, sollte sie den atomar gerüsteten Staaten die Notwendigkeit einer Friedensordnung nahebringen und den nicht atomar gerüsteten raten, diese Rüstung nicht anzustreben.
11. Nicht jeder muß dasselbe tun, aber jeder muß wissen, was er tut.[2]

---

2 Die Thesen sind u. a. abgedruckt in Howe (1963a); zu kritischen Anmerkungen zu den Thesen vgl. Bosse (1970), Lienemann (1982) und Reuter (2013).

Die Heidelberger Thesen waren ein Versuch, Überlegungen und Arbeiten einer im Frühjahr 1957 gebildeten Kommission der Evangelischen Studiengemeinschaft[3] zusammenzufassen, die aufgrund einer Anregung des Militärbischofs Hermann Kunst gebildet worden war. Carl Friedrich von Weizsäcker hat sie über Nacht als einen in der Kommission damals möglichen, begrenzten Konsens formuliert. Die Thesen bildeten über Jahrzehnte einen sehr wichtigen Basis- und Bezugstext kirchlicher Friedensethik im deutschen Protestantismus. Sie sind nach Meinung zweier Kommissionsmitglieder nicht „eine vieldeutig formulierte Kompromißlösung" (Janssen 1963, S. 236), aber auch nicht mehr als ein „Übergangsdokument" und eine Art „Zwischenbilanz" (Gollwitzer 1963, S. 247). Formal handelt es sich überwiegend um knappe, konstatierende Thesen und diesen beigefügte, kurze Erläuterungen, nicht um eingehende, breit gestützte wissenschaftliche Analysen und Argumentationen. Der Wortlaut der eingangs zitierten Leitsätze dürfte nicht erst in der Rückschau durchaus befremdlich sein. Die geradezu penetrante Betonung des „Müssens" und die Rhetorik einer in Pflicht nehmenden Anrede werden aber verständlich, wenn man die scharfen Zuspitzungen des Ost-West-Konfliktes und des Kalten Krieges in den 1950er Jahren bedenkt. Die Thesen mitsamt den Erläuterungen haben den Zweck, zum Verständnis der damaligen Situation des Atomzeitalters im Blick auf Krieg und Frieden beizutragen, der individuellen ethischen Orientierung (besonders von Wehrpflichtigen) zu dienen und Konsequenzen

---

3 Die Evangelische Studiengemeinschaft ging aus zwei kleinen wissenschaftlichen Institutionen in evangelisch-kirchlicher Trägerschaft hervor: Aus dem Christophorus-Stift in Hemer (Westfalen) und der Studiengemeinschaft der Evangelischen Akademien. 1958 wurde daraus die Forschungsstätte der Evangelischen Studiengemeinschaft (FEST) in Heidelberg gebildet, derer erster Leiter der Philosoph Georg Picht war.

für das persönliche Verhalten von Christenmenschen in dieser Situation zu beschreiben.

Die Thesen beschränken sich nicht auf die Frage, ob und inwiefern nukleare Abschreckung ethisch vertretbar sein kann, sondern stellen die Probleme atomarer Rüstung in den weiteren Zusammenhang einer *Politik* der Sicherung von Frieden und Freiheit, der *völkerrechtlichen und ethischen Legitimität* von Kernwaffen, der *militärischen Strategie* der Abschreckung und der *Gewissensberatung* von Soldaten sowie Bürgerinnen und Bürgern. Dabei kommt der vielfach zitierten These 8 eine Schlüsselrolle zu. Aber was es konkret bedeutet, „durch das Dasein von Atomwaffen einen Frieden in Freiheit zu sichern", und dies als eine „heute noch mögliche christliche Handlungsweise anzuerkennen", war 1959 so wenig klar wie heute. Die damaligen Aussage-Absichten der Autoren der Heidelberger Thesen lassen sich aber sowohl aus dem zeitgeschichtlichen Kontext und der Gesamtheit der Erläuterungen zu den Thesen als auch aus den Kommentaren der Mitglieder jener Kommission, die die Thesen verabschiedete, erschließen.[4]

In den 1950 und 1960er Jahren hatten die Heidelberger Thesen vor allem zwei ausdrückliche Funktionen: Sie sollten eine tatsächlich oder angeblich drohende Spaltung quer durch die evangelischen Kirchen in Deutschland verhindern; und sie sollten eine maßgebliche Grundlage für die Gewissensberatung der Wehrpflichtigen

---

4 Carl Friedrich von Weizsäcker lieferte in zwei Beiträgen (Weizsäcker 1963a,b) die Grundinformationen über physikalische, technische, biologische und militärische Tatsachen und Möglichkeiten; Richard Nürnberger äußerte sich zu den internationalen Beziehungen; Ulrich Scheuner widmete sich dem Völkerrecht. Zwei theologisch-ethische Beiträge stammen von Erwin Wilkens und Edmund Schlink. Günter Howe (1963b) unternahm den kühnen Versuch, „[d]ie atomare Bewaffnung als geistesgeschichtliches und theologisches Problem" zu erörtern.

durch die Militärseelsorger sein. Die erste Funktion sollte der damals wie heute schwer verständliche Hinweis auf „komplementäres Handeln" erfüllen. Ob und wie die Thesen im Lebenskundlichen Unterricht der Militärseelsorge tatsächlich zur Sprache gekommen sind, entzieht sich meiner Kenntnis.

Wieweit man davon sprechen kann, dass die Thesen (auch) eine wichtige, nicht explizit gemachte politische Intention verfolgten, ist naturgemäß kaum zu klären. Immerhin waren die politischen und militärpolitischen Entwicklungen in diesen Jahren dramatisch: Im März 1957 hatte die NATO (1957) ein neues militärisches Konzept beschlossen und der NATO-Oberbefehlshaber Lauris Norstad erklärte in Bonn, dass die der NATO unterstellten Bundeswehrsoldaten auch für den Atomwaffeneinsatz ausgebildet werden sollten. Am 12. April 1957 wurde das „Göttinger Manifest"[5], eine Erklärung gegen die nukleare Bewaffnung der Bundeswehr von 18 prominenten Atomphysikern (unter ihnen die Nobelpreisträger Marx Born, Otto Hahn und Werner Heisenberg) veröffentlicht. Am 9./10. Mai 1957 debattierte der Bundestag über die atomare Bewaffnung der Bundeswehr. In derselben Zeit entstanden vergleichbare kirchlich-theologische Stellungnahmen insbesondere in den angelsächsischen Ländern; dazu kamen hochkarätig besetzte ökumenische Konferenzen und Stellungnahmen.

Die Heidelberger Thesen sprechen im Blick auf die aktuellen politischen und militärpolitischen Fragen von einem Dilemma, welches darin besteht, dass einerseits ein Atomkrieg nicht mehr als Mittel der Rechtswahrung – *ultima ratio* – in Betracht kommt, also die Anwendung der herkömmlichen Kriterien eines *bellum iustum* in diesem Fall zu einem negativen Urteil führen müsse, und andererseits der „Versuch" akzeptiert wird, „durch das Dasein der

---

5 https://www.uni-goettingen.de/de/die-göttinger-erklärung-1957/54319.html. Zugegriffen: 3. August 2019.

Atomwaffen einen Frieden in Freiheit zu sichern". Mit dem Wort „Dasein" wird in nicht ganz klarer Weise der mögliche Einsatz verneint, aber das Vorhandensein gebilligt. Welche Art „Dasein" gemeint ist, bleibt im Text offen. Dass eine Militärstrategie der Abschreckung indes nur glaubhaft und wirksam ist, wenn die Fähigkeit und Bereitschaft hinreichend gewiss sind, Kernwaffen auch unter bestimmten Umständen einzusetzen, wird nicht ausdrücklich gesagt, aber stillschweigend unterstellt.

Die kirchlichen und kirchenpolitischen Implikationen der Heidelberger Thesen sind seinerzeit nicht expliziert worden. Vordergründig begnügte man sich damit, zu sagen, dass (1) sowohl der Wehrdienst als auch die Kriegsdienstverweigerung (man beachte die Terminologie!) als mögliche Gewissensentscheidungen anerkannt werden sollten, und dass (2) die Bemühungen darauf gerichtet sein sollten, die aktuelle Konstellation einer atomaren Konfrontation zu überwinden. Solange diese Lage indes „noch" bestehe, seien beide Handlungsweisen als „komplementär" anzusehen.

Wenn das Wort „noch" für „vorläufig" steht unter der Bedingung, einen politischen Weg der Rüstungskontrolle und Abrüstung zu verfolgen, dann ist damit eine einschränkende Konditionierung gemeint, die eine wesentliche Grundlage für eine einstweilige (moralische und/oder rechtliche) Legitimitätsvermutung darstellen soll. Auf dieser Linie hat sich auch („noch"!) Papst Johannes Paul II. bewegt, als er im Juni 1982 vor der zweiten Sondergeneralversammlung der Vereinten Nationen zur Abrüstung unter anderem ausführte, dass eine „auf dem Gleichgewicht beruhende Abschreckung – natürlich nicht als Ziel an sich, sondern als ein Abschnitt auf dem Weg der fortschreitenden Abrüstung – *noch* für moralisch annehmbar gehalten werden" könne (Johannes Paul II. 1982).[6]

---

6 In der Zeit, als die Heidelberger Thesen erschienen, gab es eine wegweisende Kontroverse im deutschen Katholizismus, als Ernst-Wolfgang

Über die strategischen Funktionen der Kernwaffen einschließlich der damaligen militärischen Einsatzpläne schweigen die Heidelberger Thesen. Aufgabe der Thesen wie des Buches, in dem sie veröffentlicht worden sind, war *nicht* eine mehr oder weniger umfassende Aufklärung über den Stand der militärischen Rüstungen in Ost und West sowie über die Militärstrategien von NATO und Warschauer Pakt. Allerdings liegt in dem Beitrag von Carl Friedrich von Weizsäcker (1963b) eine prägnante, zusammenfassende Analyse der seinerzeit allgemein bekannten militärischen „Tatsachen und Möglichkeiten" vor. Die Probleme der (damaligen) Militärstrategie werden dagegen in den Heidelberger Thesen selbst ebenso wenig analysiert wie in den der Veröffentlichung beigegebenen Einzelbeiträgen. Auch Carl Friedrich von Weizsäcker thematisiert in seinem Beitrag strategische Fragen nur am Rande, obwohl er darüber bestens informiert war. Er erwähnt die „Lehre von der ‚gestuften Abschreckung'", also jene Konzeption, die die frühere Strategie der „massiven Vergeltung" ablöste, geht aber nicht näher auf sie ein. Vielmehr konstatiert er:

„Wir haben hier nicht die Aufgabe, den militärischen Wert oder Unwert solcher Doktrinen zu erörtern. So wie die Dinge liegen, haben wir jedenfalls keine Gewißheit, daß es nicht in der absehbaren Zukunft zu lokalen Konflikten mit Einsatz von Atomwaffen kommen wird. Es ist möglich, daß derartige Konflikte durch Steigerung der beiderseits eingesetzten Waffen (‚escalation') zum totalen Weltkrieg führen würden; dies ist wohl die einzige Weise, in welcher der große Krieg ausbrechen kann" (Weizsäcker 1963b, S. 30f.).

Böckenförde und Robert Spaemann (2004 [1960], 2004 [1961]) die damalige Auslegung der päpstlichen Position durch Pater Gundlach S. J. scharf kritisierten.

Zur Aktualität der Heidelberger Thesen

Den Rahmen der Heidelberger Thesen bildet die Weizsäcker-These „Der Weltfriede wird zur Lebensbedingung des technischen Zeitalters". In seiner Friedenspreisrede von 1963 hat Weizsäcker diese Position, die er konsequent durchgehalten und nie revidiert hat, in drei Hinsichten pointiert formuliert:

- „Der Weltfriede ist notwendig, denn die Welt der vorhersehbaren Zukunft ist eine wissenschaftlich- technische Welt.
- Der Weltfriede ist nicht das goldene Zeitalter, sondern sein Herannahen drückt sich in der allmählichen Verwandlung der bisherigen Außenpolitik in Welt-Innenpolitik aus.
- Der Weltfriede fordert von uns eine außerordentliche moralische Anstrengung, denn wir müssen überhaupt eine Ethik des Lebens in der technischen Welt entwickeln" (Weizsäcker 1967 [1963c], S. 81f.).

Auf dem Kirchentag von 1967 in Hannover erweiterte und verschärfte Weizsäcker diese Thesen folgendermaßen:

„1. Der politisch gesicherte Weltfriede ist unsere Lebensbedingung, denn die technische Welt stabilisiert sich nicht von selbst. 2. Die Weltinnenpolitik hat schon begonnen, denn es gibt schon große praktische Gemeinschaftsaufgaben der ganzen Menschheit. 3. Die Ethik der technischen Welt ist nötig, denn der Friede kann nur Bestand haben, wenn er auf der Wahrheit ruht" (Weizsäcker 1967, S. 10).

Diese Basisthese findet sich im Kern schon in dem erwähnten Aufsatz Weizsäckers in dem Band mit den Heidelberger Thesen; dort schreibt er:

„Auf die Dauer wird der Atomkrieg nur dann zu verhüten sein, wenn es gelingt, den Krieg zu verhüten. Im technischen Zeitalter wird die Verhütung des Krieges aus einer Wünschbarkeit zu einer

Lebensnotwendigkeit. Wie aber steht es mit ihrer Möglichkeit?"
(Weizsäcker 1963b, S. 37)

Die Antwort auf diese Frage blieb damals so offen wie sie es immer noch ist.

Die Heidelberger Thesen forderten zu ihrer Zeit nicht das (nach damaliger menschlicher Einsicht) Unmögliche der umgehenden Abschaffung der Kernwaffen, sondern die allmähliche Entwicklung einer internationalen Politik mit dem Ziel, nach und nach die Optionen militärischer Konfliktlösung einzuschränken. Sie stehen ganz im Zeichen der Hoffnung, dass es möglich sei, unter den Bedingungen durchaus weiter bestehender oder neuer politischer Konflikte und eines Kräftegleichgewichtes, wie es (teilweise) in der Zeit des Kalten Krieges bestanden haben mag, die Zeitspanne zu nutzen, um nicht nur an einer „Humanisierung des Krieges" zu arbeiten, sondern auf eine internationale Rechts- und Friedensordnung hinzuwirken, in der der Krieg als Mittel der Konfliktlösung und Rechtswahrung nach und nach überwunden werden kann.

Im Rückblick muss man feststellen, dass die Heidelberger Thesen ihr Ziel, eine Politik der Friedenssicherung ohne Kernwaffen und den Aufbau einer internationalen Friedensordnung durch bindendes, durchsetzbares Völkerrecht einzuleiten und zu fördern, nicht erreicht haben. Wie sollten sie? Die außerordentliche Gelegenheit für eine Ächtung und Abschaffung der Kernwaffen, wenn es sie denn gegeben hat, wurde nach 1989 nicht genutzt. Ansätze zu Rüstungskontrollvereinbarungen und einer Art „kooperativer Rüstungssteuerung" oder gar Übergänge zu Rüstungsreduktionen – auch und besonders im Nuklearbereich – waren in den folgenden Jahrzehnten insgesamt nur begrenzt erfolgreich und sind keineswegs dauerhaft gesichert.

3 Kritik der Heidelberger Thesen

Die Heidelberger Thesen sind von Anfang an umstritten gewesen. Hier soll es nicht darum gehen, die entsprechenden Auseinandersetzungen und Rezeptionen der 1950er und 1960er Jahre im zeitgeschichtlichen Kontext zu untersuchen,[7] sondern die systematisch wichtigen Kritikpunkte herauszuarbeiten. Diese betreffen erstens die (historisch-empirischen) expliziten und impliziten Prämissen der Thesen, zweitens die (völkerrechtlichen und rechtsethischen) Probleme der Unterscheidung von Kernwaffenbesitz, Einsatzdrohung und Einsatz von Kernwaffen, drittens die friedensethische Grundfragen (der Lehren von) der Zulässigkeit militärischer Mittel, viertens die (theologisch-ethischen) Fragen unterschiedlicher oder unvereinbarer Gewissensentscheidungen sowie fünftens den Sinn und die Glaubwürdigkeit einer „Interimsethik" im Sinne einer „vorläufigen" moralischen Akzeptanz der Nuklearstrategien als eines „noch" hinnehmbaren Mittels der Kriegsverhütung durch Abschreckung.

---

7 Meines Wissens gibt es dazu immer noch keine umfassende zeithistorische Untersuchung. Wenigstens folgende Rezeptions- und Diskussionszusammenhänge verdienen dabei Aufmerksamkeit: (1) Die an die Heidelberger Thesen anschließenden innerprotestantischen Auseinandersetzungen und Klärungen in den westdeutschen Landeskirchen und in den Kirchen der DDR, (2) die Rezeption und Kritik aufseiten der Historischen Friedenskirchen und der Kirchlichen Bruderschaften in Deutschland, (3) die Berücksichtigung in den entsprechenden internationalen Debatten, insbesondere auf der Ebene des *World Council of Churches* und (4) in den Gesprächen zwischen den Historischen Friedenskirchen und den vor allem Lutherischen Kirchen in Deutschland (Puidoux-Konferenzen). Rezeptionen der Heidelberger Thesen aufseiten der römisch-katholischen Kirche kenne ich nicht; sie ist vor dem II. Vatikanischen Konzil auch unwahrscheinlich.

3.1 Prämissen der Heidelberger Thesen

Eine entscheidende Prämisse der Heidelberger Thesen ist die Behauptung der Notwendigkeit des Weltfriedens als „Lebensbedingung des technischen Zeitalters" (These 1). Das wird untermauert mit der noch weiter gehenden erläuternden Behauptung: „Er [der Weltfriede, Anm. d. Verf.] beginnt heute genau deshalb möglich zu werden, weil er notwendig wird" (Howe 1963a, S. 225). Problematisch ist an dieser Formulierung nicht nur, dass unklar bleibt, ob sie „deskriptiv oder präskriptiv, empirisch oder ethisch" gemeint ist (Reuter 2013, S. 126), sondern vor allem die Verbindung von „notwendig" und „möglich", und dies wiederum in einer zeitlichen Zuordnung. Denn die These, dass etwas „genau deshalb [!, Anm. d. Verf.] möglich wird", weil es „notwendig wird", setzt (vermutlich) voraus, dass eine vermittelnde Größe angenommen wird von der Art: Etwas Mögliches wird unter Umständen wirklich, sofern es als jetzt Notwendiges von urteilsfähigen und handlungsbereiten Akteuren erkannt, beurteilt und verwirklicht wird. Demgegenüber wäre es klarer gewesen zu sagen: Wer den Weltfrieden (in einem näher zu bestimmenden Sinn) will, muss auf dem Weg dahin diese und jene notwendigen Bedingungen erfüllen (genau das meint: *si vis pacem, para pacem*).[8] Nicht leicht zu sagen ist zudem, warum und in welchem Sinne in These 1 das „technische Zeitalter" genannt wird. Ich sehe drei Verständnismöglichkeiten: (1) Entweder gilt für sehr viele Zeiten, unabhängig vom Stand der technischen Mittel und Entwicklung, dass Frieden „Lebensbedingung" ist. (2) Oder es ist gemeint: Wenn die heutige „technische Zivilisation" Bestand haben soll, ist das auf Dauer nur möglich ohne Kernwaffen. (3)

---

8 Der Struktur nach ist dies äquivalent mit dem Ansatz von Kants Schrift „Zum ewigen Frieden. Ein philosophischer Entwurf" (1964 [1795]).

Oder es soll auf die historisch singuläre, qualitative Differenz von Kernwaffen (vgl. hierzu auch Eisenbart 2012) zu allen bisherigen Epochen der Menschheitsgeschichte hingewiesen werden, und zwar in dem Sinne, dass der Einsatz dieser Waffen erstens wahrscheinlich ist und zweitens (in jedem Fall?) dazu führen muss, der bisherigen Menschengeschichte ihr Ende zu setzen.

Eine Antwort auf (2) und (3) ist praktisch nicht möglich, weil wir nicht wissen (können), ob die Katastrophe eines nuklearen Konflikts und Krieges nur dann verhindert werden kann, wenn eine globale Friedensordnung mit hinreichenden Kompetenzen und Potenzialen ihrer Durchsetzung etabliert ist.

3.2 Völkerrechtliche und rechtsethische Probleme

Die Heidelberger Thesen gingen (1) von der faktischen Verfügbarkeit und Einsatzfähigkeit von Kernwaffen aus, sie wurden (2) angesichts einer antagonistischen politischen und militärischen Blockkonfrontation formuliert und (3) setzten nur in engen Grenzen bekannte und öffentlich diskutierte Militärstrategien voraus. Eine detaillierte Darlegung militärischer Einsatzplanungen in Ost und West konnte in den 1950er Jahren nicht Gegenstand sein; erst viele Jahre später nach der Implosion der Sowjetunion war zeitweise der Zugang zu dortigen Archiven möglich (vgl. Kaku und Axelrod 1987; Ellsberg 2017; Varwick 2008). Günter Howe, vermutlich die wichtigste Gestalt hinter den Heidelberger Thesen, hat erst Mitte der 1960er Jahre seine einschlägigen Studien publiziert (vgl. Howe 1965). Insofern ist es kein Zufall, dass insbesondere auch die völkerrechtliche Beurteilung der Kernwaffen erstens in den Thesen selbst keine zentrale Rolle spielt und zweitens der entsprechende Beitrag von Ulrich Scheuner in dem Band mit den Heidelberger

Thesen unkritisch der damaligen US-amerikanischen Position folgt. So konstatiert er:

„Ergeben sich aus dem Völkerrecht Schranken für die Anwendung atomarer Waffen, so bleibt doch im Hinblick auf die Legitimität ihrer Heranziehung bei Repressalien gegenüber gegnerischen Rechtsverletzungen (insbesondere mit nuklearen Waffen) die Vorbereitung eines atomaren Krieges völkerrechtlich zulässig. Herstellung und Lagerung atomarer Waffen ist nicht verboten. Daher bleibt auch die Drohung mit atomaren Waffen, sofern sie als Vergeltung gemeint ist, statthaft" (Scheuner 1963, S. 93).

Zu beachten ist hier die Formulierung „insbesondere mit nuklearen Waffen"; diese impliziert auch die atomare Vergeltung gegenüber konventionellem Waffeneinsatz. Das entsprach den damaligen Planungen der USA angesichts der Überlegenheit des Ostblocks bei konventionellen Waffen.

In jedem Fall konnten die Verfasser der Heidelberger Thesen davon ausgehen, dass in den 1950er Jahren NATO und Warschauer Pakt im Kriegsfall eine Militärstrategie der massiven Vergeltung verfolgen würden.[9] Welche konkreten Einsatzplanungen dabei zugrunde lagen, war nicht bekannt oder wurde jedenfalls mit keinem Wort öffentlich thematisiert. Es war aber zumindest für alle, die sich mit diesen Fragen befassten, klar, dass in diesem Fall Mitteleuropa keine Überlebenschance hätte, während beispiels-

---

9 Ob die strategisch und militärpolitisch versierten Mitglieder der Kommission die wichtige Untersuchung von Kissinger (1957) kannten, welche in gewisser Weise den Übergang zur Strategie der *flexible response* vorbereitete, weiß ich nicht (die deutsche Übersetzung erschien erst 1959). Howe (1965, S. 248ff.)) hat sich wenig später darauf ausdrücklich bezogen und mit seiner Analyse sehr gut den Stand der damaligen Debatte dargestellt.

3.3 Atomwaffen als Mittel der Rechtswahrung – Einsatz oder Abschreckung?

Die 5. These hat im Gesamtaufbau der Thesenreihe eine Schlüsselfunktion: Während die Thesen 1 bis 4 die *Notwendigkeit* des Weltfriedens und die daraufhin sich ergebenden Handlungsmöglichkeiten und -pflichten von Christenmenschen, aber keineswegs nur von diesen, herausstellen, erläutern die Thesen 6 bis 11 die *Konsequenzen für mögliche Entscheidungen*. These 5 spitzt – angesichts der Verfügbarkeit von Kernwaffen – jenes zentrale „Dilemma" zu, welches darin besteht, dass auf dem „Weg zum Weltfrieden" eben diese Waffen aufgrund ihrer besonderen Qualität nicht als Mittel der Rechtswahrung in Betracht kommen können. Ich sehe in der These 5 die entscheidende *ethische* Weichenstellung der gesamten Thesenreihe. Ausdrücklich wird gesagt, dass „die klassische Rechtfertigung des Krieges versagt". Die traditionellen Lehren von einem *bellum iustum* (rechtmäßigen Krieg) können auf einen Atomkrieg nicht angewandt werden, weil „er zerstört, was er zu schützen vorgibt" (Howe 1963a, S. 228).

Die Thesen erwägen nicht die Möglichkeit, ob für den vielleicht nicht völlig unwahrscheinlichen, aber weithin als irreal angesehenen Fall eines allseitigen Verzichts auf Kernwaffen konventionelle Waffen wieder in die Rolle eines Mittels der Rechtswahrung einrücken könnten. 1958/59 wäre dies eine rein spekulative Frage gewesen. Zudem lässt sie sich nicht im Blick auf die Qualität von Waffen beantworten, sondern nur im Kontext einer hinreichend allgemein anerkannten (völker-)rechtlichen Ordnung der Legitimation militärischer Operationen.

These 5 mitsamt der Erläuterung steht in einer offensichtlichen Spannung zu These 8, in der vom Versuch die Rede ist, „durch das Dasein von Atomwaffen einen Frieden in Freiheit zu sichern" – „*noch*"! Damit wird die nukleare Abschreckung akzeptiert und legitimiert, der Einsatz dieser Waffen (zur Rechtswahrung) aber verworfen. Ohne die klar signalisierte Fähigkeit und die Bereitschaft zum Einsatz wirkt aber die Abschreckung nicht. Die Spannung wird weniger abgemildert als vielmehr dadurch verdeckt, dass in der Erläuterung zu These 8 gesagt wird, dass das einzige Ziel eines „Friedensschutzes durch Atomrüstung" sein müsse, „den Frieden zu bewahren und den Einsatz dieser Waffen zu vermeiden" und „daß nie über seine Vorläufigkeit eine Täuschung zugelassen wird. (Howe 1963a, S. 232).

3.4 Unterschiedliche oder unvereinbare Gewissensentscheidungen

Ein Zweck, wenn nicht gar der Hauptzweck der Heidelberger Thesen bestand darin, bei der Gewissensberatung von Soldaten zu helfen. Mit dieser Intention hatte Bischof Kunst den Studienprozess initiiert. Ob die Thesen mitsamt dem Band, in dem sie veröffentlicht worden sind, diesen Zweck erreicht haben, kann ich nicht beurteilen. Es sind zwei entscheidende Punkte, die an dieser Stelle hochproblematisch sind: *erstens* die Unterscheidung zwischen Bereithaltung von und Drohung mit Kernwaffen einerseits und dem Willen, der Fähigkeit und der Bereitschaft zum Einsatz andererseits; *zweitens* die Absicht, die gegensätzlichen Gewissensentscheidungen zugunsten des Wehrdienstes einerseits und der Kriegsdienstverweigerung andererseits als „komplementäres Handeln" zu verstehen.

Das erste Problem bezüglich der Kernwaffen wird klar dargelegt: Kernwaffen können grundsätzlich nicht als Mittel der Rechtswahrung und damit im Rahmen der herkömmlichen Theorien eines rechtmäßigen Krieges rechtlich oder moralisch legitimiert werden. (Hier gehen die Thesen eindeutig über Ulrich Scheuners Position hinaus, ja, widersprechen dieser implizit.) Wenn diese Waffen aber als Mittel einer abschreckenden Drohung vorhanden sind und – das hätte ehrlicherweise hinzugefügt werden müssen – ihr Einsatz darum auch vorbereitet und trainiert werden muss, dann „hat die Drohung unweigerlich an der Verwerflichkeit des unrechten Aktes selbst teil" (Reuter 2013, S. 132). Entsprechend hat die Vollversammlung des *World Council of Churches* (WCC) 1983 in Vancouver, nicht zuletzt aufgrund der Argumente der Kirchenvertreterinnen und -vertreter aus der DDR, aber auch aus der Bundesrepublik Deutschland (vgl. Lienemann 2000), die Kirchen aufgefordert, nicht nur den Einsatz, sondern auch die Herstellung und Bereithaltung von Kernwaffen als „Verbrechen gegen die Menschheit" zu verurteilen (WCC 1983, zit. nach Abrecht und Koshy 1983, S. 383f.).[10] Diese Konsequenz hätten die Heidelberger

---

10 Der NATO-Doppelbeschluss vom 12. Dezember 1979 war nicht nur der Ausgangspunkt einer globalen Friedensbewegung, sondern veranlasste auch zu neuen, eingehenden Studien zur Friedensforschung und Friedensethik sowie zu kritischen Revisionen kirchlich-theologischer Positionsbezüge. Die Formulierung „the production and deployment of nuclear weapons as well as their use constitute a crime against humanity" findet sich erstmals in einer Stellungnahme des *Central Committee des World Council of Churches* vom 27. Juli 1982 (zit. nach Abrecht und Koshy 1983, S. 383f.). Dieser Band dokumentiert die Beiträge eines exzellent besetzten öffentlichen *Hearings* in Amsterdam. Dem Vorbereitungsteam gehörte seinerzeit Friedhelm Solms von der FEST an. Die zitierte Formulierung des *Central Committee* hat die VI. Vollversammlung des WCC im folgenden Jahr in Vancouver ausdrücklich aufgenommen (vgl. Müller-Römheld 1983, S. 102).

Thesen durchaus schon 1959 ziehen können, ja müssen, wenn sie ihren eigenen Prämissen gefolgt wären.

Das zweite Problem folgt mit innerer Notwendigkeit aus dieser ersten fatalen Weichenstellung, nämlich die behauptete „Komplementarität" von Waffenverzicht auf der einen Seite, dem Militärdienst unter Einschluss der Bereithaltung von Kernwaffen andererseits (kritisch hierzu Bosse 1970). Vermutlich lässt sich die merkwürdige Verwendung eines aus der Quantenphysik bekannten Ausdrucks nur damit erklären, dass damals die Gefahr einer Kirchenspaltung angesichts der gegensätzlichen Positionsbezüge zu den Problemen der Nuklearstrategie als sehr ernsthaft eingeschätzt worden ist. Doch welche praktische Relevanz hatte die damalige Behauptung eines kirchlichen *status confessionis*? Die Verbindung von Kirchenverständnis und politischer Ethik hatte zwar in der Auseinandersetzung mit dem NS-Staat und den mit diesem kollaborierenden Kirchen eine zentrale Rolle gespielt, aber es war alles andere als ausgemacht, dass man es in der Bundesrepublik mit einer vergleichbaren Konstellation zu tun habe. Die Heidelberger Thesen haben diese Fragen auch gar nicht explizit gemacht, sondern mit der Rede von der Komplementarität den ganzen, höchst aufklärungsbedürftigen Komplex gleichsam umgangen.

Im Rückblick erscheint mir diese Art Gewissensberatung von Soldaten als verfehlt. Das zeigt sich insbesondere an der 9. These. Nachdem These 7 den Waffenverzicht anerkannt hat, These 8 den Umgang mit Kernwaffen (ihr „Dasein") ebenfalls als „heute noch mögliche christliche Handlungsweise" anerkennt, folgt dann die merkwürdige Rede vom A-Sagen und B-Sagen, das heißt von der notwendigen Konsequenz, als Soldat im „Ernstfall" den Einsatzbefehl befolgen zu müssen und dies tatsächlich auch zu tun. Ausdrücklich wird eine grundsätzliche *reservatio mentalis* für diesen Fall zurückgewiesen. Helmut Gollwitzer hat in seinem abweichenden Votum zu Recht darauf hingewiesen, dass indes genau dies dann der Fall wäre, wenn die Prämissen der Argumentation und Beratung nicht mehr zutreffen und deshalb Soldaten sehr wohl erneut fragen und sich entscheiden müssen, ob sie weitermachen dürfen oder nicht. Dieses Dilemma beim Namen zu nennen und als Kommission gemeinsam zu formulieren, hätte aber die damalige politische und kirchenpolitische Akzeptanz und Funktion der Heidelberger Thesen wohl zunichte gemacht. Dass stattdessen für genau diesen Fall, dass die Abschreckung versagen sollte und mit der Drohung auf Befehl Ernst gemacht werden muss, auf „ein Gericht Gottes über uns alle" verwiesen wird, klingt jedenfalls im Rückblick wie ein Offenbarungseid.[11]

3.5 Was bedeutet „noch möglich"?

Wie ist es zu verstehen, dass der Umgang mit Kernwaffen eine „heute noch mögliche Handlungsweise" sei? Wenn man das wörtlich nimmt, handelt es sich um eine vorübergehende Zeit, ein „Interim". Ausdrücklich ist in der Erläuterung zur 8. These von der „Vorläufigkeit" atomarer Abschreckung die Rede. Man kann inzwischen argumentieren, dass mit der Auflösung der Sowjetunion und dem Ende der antagonistischen Systemkonkurrenz die politischen und militärischen Prämissen der Heidelberger Thesen entfallen sind. Hinzu kommt, dass um die Jahrtausendwende die NATO in jeder Hinsicht jedem potenziellen Gegner überlegen war. Wenn nicht unter dieser Prämisse, wann wäre dann jemals die Zeit gekommen, eine umfassende nukleare Abrüstung zu beginnen und langfristig zu implementieren? Diese (real mögliche?) Gelegenheit

---

11 Nur die Erläuterungen zu den Thesen 2 (vgl. Howe 1963a, S. 226) und 9 (vgl. Howe 1963a, S. 233) enthalten ausdrückliche Hinweise auf biblische Überlieferungen.

ist versäumt oder verspielt oder ausgeschlagen worden. Die NATO hat stattdessen mit ihrer strategischen Konzeption von Lissabon (NATO 1999) ihre Sicherheitsaufgaben neu und weiter denn je gefasst und in den folgenden Jahren mit der Aufnahme der neuen Allianzmitglieder ihren territorialen Radius enorm ausgeweitet. Zweifellos wird das von Russland als eine neue und ernste Bedrohung wahrgenommen. Ob die Gefahr lokaler Kriege dadurch zugenommen hat, ist angesichts der jüngeren Entwicklungen in der Ukraine und der Annexion der Krim schwer zu sagen. Ob vor diesem Hintergrund erneut auch die Möglichkeit eines nuklearen Ersteinsatzes (*first use*) in konkreten, nicht öffentlichen Planungen vorkommt, vermag ich nicht zu beurteilen. Auf der russischen Seite hat Präsident Wladimir Putin zwar die Option eines *first use* gelegentlich abgelehnt, aber die nukleare Option gegenüber jedem Aggressor betont.[12]

Schließlich ist im Blick auf die ethischen Fragen der „vorläufigen" Hinnehmbarkeit atomarer Abschreckung (mitsamt des Willens und der Fähigkeit zur Kriegführung) zu erwägen, ob durch die neueren Debatten über eine Welt ohne Kernwaffen, wie sie Barack Obama in seiner Prager Rede vom 5. April 2009 als Ziel formuliert hat, tatsächlich eine neuartige Entwicklung eingeleitet sein könnte.[13] Dass sich für ein *Global Zero* die vier prominenten Strategieexperten Henry Kissinger, Sam Nunn, William Perry und George Shultz ausgesprochen haben (vgl. Shultz et al. 2007–2011),

---

12 Nach einer Meldung der *Moscow Times* vom 19. Oktober 2018. Dabei ist unklar, was Putins Hinweis auf die Möglichkeit des „escalate to deescalate" bedeutet und wie die politische Nuklear-Rhetorik von den tatsächlichen militärischen Planungen unterschieden werden muss.

13 Vgl. https://obamawhitehouse.archives.gov/the-press-office/remarks-president-barack-obama-prague-delivered. Zugegriffen: 3. August 2019.

ändert freilich nichts daran, dass es in jedem Fall nur um ein sehr vage umschriebenes Fernziel gehen kann (vgl. dazu Thränert 2010). Richtig ist, dass die Obama-Administration ein starkes Interesse an Rüstungskontrollvereinbarungen gezeigt hat, aber ebenso unbestreitbar ist, dass die offizielle US-Atomstrategie nach wie vor auf flexible atomare Kriegführungsfähigkeiten setzt (vgl. U.S. Department of Defense 2018; dazu auch Richter 2018).

Angesichts dieser hier nur in sehr einfachen Linien gezeichneten Entwicklungen lässt sich, durchaus im Sinne der damaligen kritischen Intentionen der Verfasser der Heidelberger Thesen, nur der Schluss ziehen, dass alle wesentlichen Bedingungen für die Anerkennung einer „heute noch möglichen" ethischen Option einer nuklearen Abschreckungsstrategie weggefallen sind. Darum können die Heidelberger Thesen nicht mehr oder erneut ein relevanter, primärer Bezugspunkt heutiger Friedensethik sein. Das hat Wolfgang Huber in seinem Vorwort zur friedensethischen Denkschrift „Aus Gottes Frieden leben – für gerechten Frieden sorgen" (2007) ebenfalls betont: „Eigens hervorzuheben ist, dass in ihm (sc. dem Entwurf der neuen Denkschrift, WL) – abweichend von den Heidelberger Thesen des Jahres 1959 – die Auffassung vertreten wird, die Drohung mit dem Einsatz nuklearer Waffen sei in der Gegenwart friedensethisch nicht mehr zu rechtfertigen."

4 Grenzen der Heidelberger Thesen – Alternativen und Perspektiven

Zahlreiche (explizite und implizite) Voraussetzungen der Heidelberger Thesen sind seit ihrer Veröffentlichung entfallen: Abgesehen vom Wiedererstarken einer kirchlichen Friedensbewegung in der Zeit vor und nach dem „Doppelbeschluss" der NATO sind die friedensethischen Diskurse in Deutschland weithin eine mehr oder weniger interne Debatte in den Kirchen geblieben. Die letzte Friedensdenkschrift der EKD (2007) ebenso wie die Stellungnahmen der Deutschen Bischofskonferenz unter dem Leitbild eines gerechten Friedens stehen zwar in einer sehr differenzierten Tradition der zunehmend ökumenisch orientierten theologischen Friedensethik, haben jedoch die Dringlichkeit einer militärstrategischen Neuorientierung als einer eminent politischen Aufgabe bisher nicht oder nicht zureichend im öffentlichen Bewusstsein verankern können. Zudem hat die Relevanz theologisch-ethischer Urteilsbildung und Beratung im politischen Alltag teilweise abgenommen. Das hängt mit einer allgemeinen Tendenz zusammen, die ich den erheblichen Verlust der Relevanz kirchlicher Überzeugungen und Positionen für die öffentliche Urteilsbildung nennen möchte. Das kann sich wieder ändern; es ist denkbar, dass in der Folge des absehbaren Endes des INF-Vertrages und im Falle des Scheiterns der älteren Verträge (START II, SORT, New START) sich eine erneuerte Friedensbewegung in Europa und in Deutschland formiert.

Die Heidelberger Thesen und die seither entwickelten Beiträge zu einer Friedensethik im deutschen Sprachraum haben nur selten die technischen und politischen Entwicklungen und die entsprechenden Diskurse in der angelsächsischen Welt berücksichtigt – weder im Blick auf die tatsächlichen militärischen Planungen noch hinsichtlich der dort vertretenen ethischen Positionen.[14] (Von den orthodoxen Kirchen in Ost- und Südosteuropa kann man nach wie vor absehen – früher, weil sie in erheblichem Maße daran gehindert waren, sich eigenständig zu artikulieren und der herrschenden Ideologie verpflichtet waren, heute, weil sie erneut die *Symphonia* mit den staatlichen Autoritäten pflegen.)

---

14 Neuerdings gibt es wieder Versuche, die mehr oder weniger separaten Diskurse zu verbinden (vgl. Bruijne und den Hertog 2018).

Die Strategien der nuklearen Abschreckung hatten und haben indes höchst unterschiedliche Relevanz für die verschiedenen Bündnispartner der NATO. Es zeichnet sich ab, dass ein Abzug der letzten auf deutschem Territorium befindlichen Atomwaffen realisierbar sein könnte. Die rot-grüne Berliner Koalition unter Gerhard Schröder hat immerhin darauf verzichtet, nuklearwaffenfähige Trägersysteme zu beschaffen (vgl. Paul 2011, S. 175ff.); im Koalitionsvertrag von 2018 werden allerdings die Funktion von Atomwaffen im Rahmen einer Strategie der Abschreckung und ihre Stationierung in Deutschland (Büchel) nach wie vor bejaht. Verbal findet sich (auch) hier das Ziel einer nuklearwaffenfreien Welt, sie wird aber sogleich im Sinne des Status quo revidiert, wenn es heißt:

„Solange Kernwaffen als Instrument der Abschreckung im Strategischen Konzept der NATO eine Rolle spielen, hat Deutschland ein Interesse daran, an den strategischen Diskussionen und Planungsprozessen teilzuhaben. Erfolgreiche Abrüstungsgespräche schaffen die Voraussetzung für einen Abzug der in Deutschland und Europa stationierten taktischen Nuklearwaffen" (CDU, CSU und SPD 2018, S. 148).

Die Debatten über militärische Einsätze mit „humanitären" Zielsetzungen (*Responsibility to Protect*) ebenso wie die neueren Bürgerkriege haben zudem besonders in der angelsächsischen Welt zu einem bemerkenswerten Revival der Lehren vom gerechten Krieg geführt (vgl. hierzu die Kritik bei Hofheinz 2018 und Lienemann 2018). Das ist unmittelbar von großer Bedeutung auch für die Beurteilung der Atomwaffen und der Nuklearstrategie. Ob und wieweit diese neueren Entwicklungen auch Eingang finden in kirchlich-ethische Stellungnahmen, ist noch nicht ausgemacht. Womöglich ist das auch nicht (mehr) besonders relevant, weil die „Stimme der Kirche" in vielen Ländern in der Folge teilweise scharfer Säkularisierungsprozesse an Gehör und Sachautorität verloren hat.

An den Grundproblemen der Kernwaffen und der Nuklearstrategie hat sich seit den 1950er Jahren vieles geändert. Das ist auch für Deutschland mittel- und langfristig von größter Bedeutung. Dazu zählen:

- die Ausweitung des Kreises der „Atommächte",
- Veränderungen der technischen Grundlagen der Militärstrategien,
- neue Proliferationsprobleme,
- die Weiterentwicklung von atomaren Gefechtsfeldwaffen und die Digitalisierung der Militärpotenziale sowie
- destabilisierende Wirkungen der Nuklearstrategie der USA (Überlegenheitsziele).

Insgesamt beobachte ich eine nahezu selbstverständlich werdende Renaissance des politischen Denkens und Planens in Kategorien der Militärpolitik einschließlich der nuklearen Optionen. Angesichts der neuen NATO-Mitglieder drängt sich die Frage auf, wie die Beistandsgarantie des NATO-Vertrages etwa im Falle der an Russland angrenzenden Länder überhaupt praktisch vorgestellt werden kann, zumal die baltischen Staaten – ob sie sich dessen bewusst sind oder nicht – wie einst die Bundesrepublik eine Art geopolitische Glacis-Funktion bekommen haben.

In der Frage, wie mit den vorhandenen Kernwaffen umzugehen sei, sind die kirchlichen Stellungnahmen der Großkirchen, genau besehen, seither nicht unbedingt über den Stand der Heidelberger Thesen hinausgekommen. Wenn die Denkschrift der EKD von 2007 feststellt, dass für die einen „die Drohung mit Nuklearwaffen *heute nicht mehr* als Mittel legitimer Selbstverteidigung betrachtet werden" kann (EKD 2007, Ziff. 162), gleichzeitig aber betont wird, dass für die anderen die „Abschreckung gültiges Prinzip" bleibe (EKD 2007, Ziff. 164), dann ist klar, dass Abschreckung unter den gegebenen Bedingungen die Verfügung über Kernwaffen und damit ihren möglichen Einsatz einschließen muss. Allerdings lässt sich die Denkschrift von 2007 auch so lesen, dass sie darauf insistiert, dass die uneingeschränkte Negation der (traditionellen) Legitimität rechtmäßiger Kriege, die Wendung zu einer Weltinnenpolitik und die allmähliche – wenngleich wieder in weiter Ferne liegende – Stärkung der internationalen Institutionen die heute gebotenen friedensethischen Prioritäten darstellen. Demgegenüber ist der Hinweis auf Abschreckung als „gültiges Prinzip" eher eine Worthülse oder, in *bonam partem* interpretiert, der Hinweis auf notwendige und erfolgsgeeignete Präventionsmaßnahmen zur Rechtsdurchsetzung *ohne* einen Rückgriff auf Kernwaffen im Rahmen eines wie immer modifizierten Abschreckungskonzeptes. Wenn das gemeint wäre, dann ist natürlich zurückzufragen, warum das nicht klar gesagt worden ist und warum die dann fälligen Konsequenzen unausgesprochen blieben.

60 Jahre nach Veröffentlichung der Heidelberger Thesen muss man feststellen, dass die damaligen Erwartungen oder Hoffnungen bezüglich der Möglichkeiten einer politischen Friedenssicherung sich nicht erfüllt haben. „Die Zone der Gefährdung des Rechts und der Freiheit" (5. Heidelberger These) ist nicht kleiner, sondern größer geworden und hat sich qualitativ zum Schlechteren hin verändert, indem die Hemmschwellen gegenüber dem Einsatz militärischer Gewalt in internationalen Konflikten – aus welchen Gründen immer – deutlich niedriger geworden sind. Von einer „Vorläufigkeit" der Atomrüstung und atomaren Abschreckung ist nur sehr selten und meist folgenlos die Rede. Wenn es in den Heidelberger Thesen folgerichtig hieß, „daß in unserer Welt Lagen eintreten, in denen das Recht keine Waffe mehr hat" (Erläuterung zur 5. Heidelberger These, Howe 1963a, S. 228f.) – wenn man nämlich

auf Drohung mit und Einsatz von Atomwaffen verzichtet –, dann gilt das heute unverändert und erst recht. Trotz der zahlreichen Teststopp- und Abrüstungsabkommen wird man kaum sagen können, dass es anhaltende, stabile Fortschritte auf dem Weg zu einer „Weltfriedensordnung" gegeben hat. Auch wenn die Kriege der Gegenwart bisher unterhalb der atomaren Schwelle geführt werden, ist für die Zukunft der Rückgriff auf Kernwaffen überhaupt nicht auszuschließen.

Die Kirchen müssen sich erneut fragen, ob es angesichts der hier beschriebenen Entwicklungen nicht (schon längst) an der Zeit ist, die Frage nach der moralischen Legitimierbarkeit von Kernwaffen und Nuklearstrategien eindeutig zu verneinen. Aus einer solchen Verneinung müssen und können heute keine kirchlichen und schon gar nicht kirchenrechtlichen Konsequenzen gezogen werden (beispielsweise die Feststellung eines *status confessionis* mit eventuellen Folgen), wohl aber halte ich es für denkbar, ja geboten, eine klare Ablehnung jeder nuklear gestützten Militärstrategie zu formulieren. Die ökumenische Projektgruppe „Kirchen gegen Atomwaffen", die aus dem badischen „Forum Friedensethik" hervorgegangen ist, hat darum die EKD aufgefordert, anlässlich der nächsten EKD-Synode in Dresden sich dafür einzusetzen, dass ein Atomwaffenverbot in das Grundgesetz der Bundesrepublik aufgenommen und der Abzug aller Kernwaffen aus Deutschland gefordert wird. Diese und ähnliche Fragen stellen sich ebenfalls für eine säkulare politische Ethik bezüglich des Einsatzes derartiger militärischer Mittel. Eine solche nuklearpazifistische Position zu vertreten, ist indes nur sinnvoll und glaubwürdig, wenn man willens und fähig ist, die damit unvermeidlich implizierten Folgen gründlich zu diskutieren, alternative Formen internationaler Rechtswahrung und -durchsetzung vorzuschlagen und mit starken Argumenten zu verteidigen.

Einen Ansatz dazu hat 1983 das „Heidelberger Friedensmemorandum" in der Absicht einer aktuellen Weiterführung der Heidelberger Thesen skizziert, welches eine gründliche aktuelle Relektüre wert ist (vgl. Schubert 1983). Im Unterschied zu den Heidelberger Thesen werden in diesem Memorandum erstens die militärpolitischen und -strategischen Grundfragen breiter – und natürlich aktualisiert – erörtert und zweitens die christliche Friedensverantwortung eingehender begründet und die politisch-ethischen Überlegungen in den Rahmen einer möglichen übergreifenden Sicherheitspartnerschaft bei fortbestehenden, aber veränderbaren Konflikten eingeordnet. Die dortige These 5 revidiert dabei die 5. These der Heidelberger Thesen, indem zutreffend daran erinnert wird, dass die atomare Abschreckung „wegen ihrer Widersprüchlichkeit keine dauerhafte Stabilität" garantiert und darum nur ein „Transitorium" sein darf (Schubert 1983, S. 61). (Die Heidelberger Thesen hatten von „Vorläufigkeit" gesprochen.) Weitergeführt werden die Heidelberger Thesen darin, dass die damals brennend aktuellen Bemühungen um eine (erweiterte) Einsatzfähigkeit von Kernwaffen abgelehnt und stattdessen – für eine Übergangszeit – eine Reduktion auf das Prinzip einer „Minimalabschreckung" vorgeschlagen wird: „Der Weg zur Abschaffung der Kernwaffen führt über die Beseitigung der Abhängigkeit von diesen Waffen" (Schubert 1983, S. 62).

Seit den 1980er Jahren gingen die START- und INF-Vereinbarungen durchaus in diese Richtung. Der von US-Präsident Barack Obama und dem russischen Präsidenten Dmitri Medwedew 2010 in Prag unterzeichnete New START-Vertrag wurde in beiden Staaten alsbald von den Parlamenten ratifiziert. Ob er indes über 2020 hinaus verlängert werden wird, ist ungewiss. Es ist unübersehbar, dass unter der Decke dieser Abkommen auf beiden Seiten weiter aufwändige militärische Forschung betrieben worden ist und durch die neuen elektronischen Mittel die Menge der Kriegsführungsoptionen nicht weniger, sondern größer und differenzierter geworden ist. Insofern ist die Zielperspektive des Heidelberger Friedensmemorandums, die Ausrichtung auf die Aufgaben und Möglichkeiten einer „Gemeinsamen Sicherheit" eher in die Ferne gerückt, wenngleich nicht völlig obsolet.

Eine überzeugende Ablehnung und Delegitimation der nuklearen Abschreckung ist geboten, aber nur dann glaubwürdig, wenn sich diejenigen, die dafür optieren, intensiv an den unausweichlichen Diskussionen darüber beteiligen, wie dergleichen politisch realisiert werden kann. Darum ist es für jede Friedensbewegung unabdingbar, sich eingehend und langfristig mit den Chancen, Problemen und Notwendigkeiten der allgemeinen Rüstungskontrolle und im Besonderen der atomaren Abrüstung auseinanderzusetzen (vgl. Schors 2016; Paul 2011). Die zugehörige Kehrseite solcher empirischen Analysen sollte erneut die theoretische Kritik der vorherrschenden Annahmen oder Doktrinen zur Rechtfertigung der Atomstrategien sein (vgl. Rudolf 2018).

Die Probleme, die sich für Deutschland im Falle eines Ausscherens aus der NATO-Abschreckungsstrategie ergeben würden, sind erheblich. Beispielsweise die nukleare Teilhabe wäre dann für die deutsche Außen- und Militärpolitik dauerhaft erledigt, damit auch eine (vielleicht) mäßigende Einwirkung auf die Militärplanungen der NATO. Ob das den europäischen Interessen dienen würde, ist zunächst alles andere als ausgemacht. Eine Bundesrepublik, die die Stationierung amerikanischer Atomwaffen (Fliegerhorst Büchel) beenden wollte und zugleich die eigenen Trägersysteme definitiv nicht für Kernwaffen bereit hielte, könnte zwar (vielleicht) in der NATO bleiben, würde aber ein Bündnispartner minderen Ranges und Einflusses, auch wenn Deutschland weiterhin Vertreter in den NATO-Militärausschuss und in die Nukleare Planungsgruppe entsenden würde.

5 Ausblick und Konsequenzen im Blick auf die Kirchen und die von ihnen zu vertretende Friedensethik

Nachdem (1) der Kairos einer nicht nur denkbaren, sondern tendenziell nicht unmöglichen Politik der Ächtung, des Verbotes und der Abschaffung von Kernwaffen um die Jahrtausendwende verspielt worden ist, (2) die Rüstungsdynamik nicht gebremst werden konnte, sondern sogar eine neue Innovationsdynamik eingeleitet worden ist und (3) militärische Optionen auf vielfache Weise als Mittel der (Macht-)Politik eine Renaissance erfahren, müssen die Kirchen schlicht feststellen, dass die Zeit verloren oder verspielt worden ist, in der („noch" im Bewusstsein des Vorhandenseins, das heißt der Verfügbarkeit von Kernwaffen) eine Wende zu einer globalen Friedensordnung jenseits der atomaren Abschreckung angestrebt werden kann. Damit hat eine „Interimsethik" im Sinne einer vorläufigen Akzeptanz, falls sie je plausibel war, ihr Ende gefunden.

Die Frage der gegensätzlichen Gewissensentscheidungen von Christenmenschen stellt sich nicht mehr in derselben Weise wie in den 1950er Jahren. Ob jemals ernsthaft im Blick auf zu ziehende Konsequenzen durchdacht worden, was unter dem „Frieden als Bekenntnisfrage" praktisch zu verstehen sein könnte? Heute ist die Möglichkeit von Kirchen, gegen ihre Mitglieder, die nicht (unbedingt?) den Kriegsdienst verweigern, Sanktionen verhängen zu wollen und durchzusetzen, wohl für niemand eine zu treffende Entscheidung. Der moralische Pluralismus in Sachen Krieg und Frieden ist (derzeit) eine Tatsache.

Um der Klarheit ihrer ethischen und rechtlichen Überzeugungen willen wäre es gut, wenn kirchliche Beratungs- und Entscheidungsgremien in Fragen von Krieg und Frieden und insbesondere im Blick auf die nuklearen Abschreckungsstrategien eindeutig Position beziehen (und keine Sowohl-als-auch-Positionen von der Art „wir bleiben unter dem Evangelium beisammen" vertreten) – sofern sie das können. Wenn sie es nicht können (oder wollen), ist nichts gewonnen, wenn man bestehende Dilemmata erneut beschreibt.

Ich kann mir vorstellen, dass vor allem jüngere Menschen von den Kirchen in Sachen Friedensethik eine deutlichere Positionierung erwarten. Umgekehrt erwarte ich von allen Personen und Gruppen mit pazifistischer Orientierung, dass sie sich mit den harten Fakten der Militär- und Friedenspolitik wieder intensiver auseinandersetzen und nicht bloß rhetorisch „radikale" Positionen vertreten, ohne nach deren politischen Verwirklichungsaussichten zu fragen.

Ob Kirchen eigenständige Alternativen zur bisherigen Nuklearpolitik aufzeigen können und müssen, ist für mich eine offene Frage. Für wichtiger und vordringlich halte ich

- (erneut) intensive und kontroverse Debatten mit militärischen Expertinnen und Experten zu führen (auch in „vertraulichen" Gesprächskreisen),
- den weitgehend eingeschlafenen friedensethischen Dialog zwischen kontinentaleuropäischen und angelsächsischen Kirchen neu und intensiv aufzunehmen,
- eine erhöhte Aufmerksamkeit denjenigen Nuklearbewaffnungen und -strategien zuzuwenden, die in verschiedenen Ländern besonders in der südlichen Hemisphäre schon vorhanden sind und an gefährlicher Bedeutung weiter zunehmen werden sowie
- insgesamt (und sofern möglich: „ökumenisch") auf die Stärkung der internationalen Institutionen im Sinne der alten Forderungen nach der allmählichen Durchsetzung einer „Weltinnenpolitik nach Rechtsprinzipien" zu dringen.

Fazit: Die zentrale Herausforderung der Heidelberger Thesen zielt bei einer heutigen Re-Lektüre auf die aktuell zu beantwortende, doppelte Kernfrage, (1) ob und wie die Aufgabe der globalen Wahrung von Recht und Frieden unter Ausschluss von Kernwaffen und damit jenseits einer nuklearen Abschreckungsstrategie politisch wahrgenommen werden kann, und (2) in welcher Form im Rahmen international anerkannter Institutionen und Verfahren militärische Machtmittel legitime Mittel der Rechtswahrung und -durchsetzung sein können.

Literatur

Abrecht, Paul und Ninan Koshy (Hrsg.). 1983. *Before It's too Late. The Challenge of Nuclear Disarmament*. Geneva: World Council of Churches.

Böckenförde, Ernst-Wolfgang und Robert Spaemann. 2004 [1960]. Die Zerstörung der naturrechtlichen Kriegslehre. Erwiderung an P. Gundlach S. J. In *Kirche und christlicher Glaube in den Herausforderungen der Zeit. Beiträge zur politisch-theologischen Verfassungsgeschichte 1957–2002*, hrsg. von Ernst-Wolfgang Böckenförde, 57–83. Münster: LIT.

Böckenförde, Ernst-Wolfgang und Robert Spaemann. 2004 [1961]. Christliche Moral und atomare Kampfmittel. In *Kirche und christlicher Glaube in den Herausforderungen der Zeit. Beiträge zur politisch-theologischen Verfassungsgeschichte 1957–2002*. Hrsg. von Ernst-Wolfgang Böckenförde, 85–110. Münster: LIT.

Bosse, Hans. 1970. Zur Frage der Komplementarität in der Friedensethik. In *Der Friedensdienst der Christen. Beiträge zu einer Ethik des Friedens*, hrsg. von Werner Danielsmeyer, 94–111. Gütersloh: Gerd Mohn.

Bruijne, Ad de und Gerard den Hertog (Hrsg.). 2018. *The Present „Just Peace/Just War" Debate. Two Discussions or One?* Leipzig: Evangelische Verlagsanstalt.

CDU, CSU und SPD. 2018. *Ein neuer Aufbruch für Europa. Eine neue Dynamik für Deutschland. Ein neuer Zusammenhalt für unser Land. Koalitionsvertrag zwischen CDU, CSU und SPD. 19. Legislaturperiode*. Berlin.

Eisenbart, Constanze (Hrsg.). 2012. *Die singuläre Waffe. Was bleibt vom Atomzeitalter?* Wiesbaden: VS Verlag für Sozialwissenschaften.

Ellsberg, Daniel. 2017. *The Doomsday Machine. Confessions of a Nuclear War Planner.* London: Bloomsbury.

Evangelische Kirche in Deutschland (EKD). 2007. *Aus Gottes Frieden leben – für gerechten Frieden sorgen. Eine Denkschrift des Rates der Evangelischen Kirche in Deutschland.* Gütersloh: Gütersloher Verlagshaus.

Gollwitzer, Helmut. 1963. Zum Ergebnis der bisherigen Beratungen. In *Atomzeitalter – Krieg und Frieden*, hrsg. von Günter Howe, 246–266. Frankfurt a. M.: Ullstein.

Hofheinz, Marco. 2018. How to Intervene? The Vision of Just Peace and our Responsibility to Protect. In *The Present „Just Peace/Just War" Debate. Two Discussions or One?*, hrsg. von Ad de Bruijne und Gerard den Hertog, 94–113. Leipzig: Evangelische Verlagsanstalt.

Howe, Günter (Hrsg.). 1963a. *Atomzeitalter – Krieg und Frieden.* Frankfurt a. M.: Ullstein.

Howe, Günter. 1963b. Die atomare Bewaffnung als geistesgeschichtliches und theologisches Problem. In *Atomzeitalter – Krieg und Frieden*, hrsg. von Günter Howe, 157–201. Frankfurt a. M.: Ullstein.

Howe, Günter. 1965. Technik und Strategie im Atomzeitalter. In *Studien zur politischen und gesellschaftlichen Situation der Bundeswehr, Bd. 1*, hrsg. von Georg Picht, 178–306. Witten-Berlin: Eckart-Verlag.

Janssen, Karl. 1963. Erläuterungen zu den Thesen. In *Atomzeitalter – Krieg und Frieden*, hrsg. von Günter Howe, 236–245. Frankfurt a. M.: Ullstein.

Johannes Paul II. 1982. Message to the General Assembly of the United Nations. http://w2.vatican.va/content/john-paul-ii/en/messages/pont_messages/1982/documents/hf_jp-ii_mes_19820607_disarmo-onu.html. Zugegriffen: 3. August 2019.

Kaku, Michio und Daniel Axelrod. 1987. *To Win a Nuclear War. The Pentagon's Secret War Plans.* Boston: South End Press.

Kant, Immanuel. 1964 [1795]. *Zum ewigen Frieden.* In: Immanuel Kant, Werke in sechs Bänden. Bd. VI, hrsg. von Wilhelm Weischedel, 191–251. Darmstadt: Wissenschaftliche Buchgesellschaft.

Kissinger, Henry. 1957. *Nuclear Weapons and Foreign Policy.* New York: Harper & Brothers.

Lienemann, Wolfgang. 1982. Geschichte und Zukunft der Komplementarität. Wie lange können Christen das Abschreckungssystem akzeptieren? In *Christen im Streit um den Frieden. Beiträge zu einer neuen Friedensethik. Positionen und Dokumente*, hrsg. von der Aktion Sühnezeichen/Friedensdienste, 169–177. Freiburg/Br.: Dreisam Verlag.

Lienemann, Wolfgang. 2000. Frieden. Vom „gerechten Krieg" zum „gerechten Frieden". Göttingen: Vandenhoeck & Ruprecht.

Lienemann, Wolfgang. 2018. International Peace as Legal Order. On the Recent Debate on „just wars" and the ethics of a „just peace". In *The Present „Just Peace/Just War" Debate. Two Discussions or One?*, hrsg. von Ad de Bruijne und Gerard den Hertog, 35–57. Leipzig: Evangelische Verlagsanstalt.

Müller-Römheld, Walter (Hrsg.). 1983. *Bericht aus Vancouver 1983. Offizieller Bericht der Sechsten Vollversammlung des Ökumenischen Rates der Kirchen*. Frankfurt a. M.: Lembeck.

NATO. 1957. Overall Strategy Concept for the Defence of the NATO Area. https://www.nato.int/docu/stratdoc/eng/a570523a.pdf. Zugegriffen: 3. August 2019.

NATO. 1999. Strategic Concept. For the Defence and Security of The Members of The North Atlantic Treaty Organisation. https://www.nato.int/lisbon2010/strategic-concept-2010-eng.pdf. Zugegriffen: 3. August 2019.

Paul, Michael. 2011. *Atomare Abrüstung. Probleme, Prozesse, Perspektiven*. Bonn: Bundeszentrale für Politische Bildung.

Reuter, Hans-Richard. 2013. Zum ethischen Problem nuklearer Abschreckung heute. Aktuelle Relektüre der „Heidelberger Thesen". In *Recht und Frieden. Beiträge zur politischen Ethik*, hrsg. von Hans-Richard Reuter, 122–134. Leipzig: Evangelische Verlagsanstalt.

Richter, Wolfgang. 2018. *Erneuerung der nuklearen Abschreckung*. Berlin: SWP.

Rudolf, Peter. 2018. *Aporien atomarer Abschreckung. Zur US-Nukleardoktrin und ihren Problemen*. Berlin: SWP.

Scheuner, Ulrich. 1963. Krieg und Kriegswaffen im heutigen Völkerrecht. In *Atomzeitalter – Krieg und Frieden*, hrsg. von Günter Howe, 71–102. Frankfurt a. M.: Ullstein.

Schors, Arvid. 2016. *Doppelter Boden. Die SALT-Verhandlungen 1963–1979*. Göttingen: Wallstein.

Schubert, Klaus von (Hrsg.). 1983. *Heidelberger Friedensmemorandum. Aus der Forschungsstätte der Evangelischen Studiengemeinschaft*. Reinbek: Rowohlt.

Shultz, George P., William J. Perry, Henry A. Kissinger und Sam Nunn. 2007–2011. *Toward a World without Nuclear Weapons*. Washington D.C.: National Security Project.

Thränert, Oliver. 2010. Die „globale Null" für Atomwaffen. *Aus Politik und Zeitgeschichte* (50): 3–7.

Varwick, Johannes. 2008. *Die NATO. Vom Verteidigungsbündnis zur Weltpolizei?* München: Beck.

U. S. Department of Defense. 2018. *Nuclear Posture Review*. Washington, D.C.

Weizsäcker, Carl-Friedrich von. 1963a. Physikalische, technische und biologische Tatsachen. In *Atomzeitalter – Krieg und Frieden*, hrsg. von Günter Howe, 10–21. Frankfurt a.M.: Ullstein.

Weizsäcker, Carl-Friedrich von. 1963b. Militärische Tatsachen und Möglichkeiten. In *Atomzeitalter – Krieg und Frieden*, hrsg. von Günter Howe, 22–54. Frankfurt a.M.: Ullstein.

Weizsäcker, Carl Friedrich von. 1967 [1963c]. Bedingungen des Friedens. In *Friedenspreis des deutschen Buchhandels. Reden und Würdigungen 1961/1965*, 79–92. Frankfurt a.M.: Börsenverein des Deutschen Buchhandels.

Weizsäcker, Carl Friedrich von. 1969 [1967]. Friede und Wahrheit. In *Der ungesicherte Friede*, hrsg. von Carl Friedrich von Weizsäcker, 9–31. Göttingen: Vandenhoeck & Ruprecht.

Zur Aktualität der Heidelberger Thesen in der Nuklearfrage – ein Kontrapunkt

Ines-Jacqueline Werkner

1 Einleitung

Die Strategie der nuklearen Abschreckung ist seit den 1950er Jahren hoch umstritten. Innerkirchlich drohte sie die evangelische Kirche zu spalten. Angesichts der damaligen Kontroversen galt es, „unter dem Evangelium zusammen [zu bleiben]" (EKD-Synode 1958, zit. nach Härle 2011, S. 396). Dies gelang mit den Heidelberger Thesen (1959) – das Ergebnis einer auf Initiative des damaligen evangelischen Militärbischofs Hermann Kunst an der Forschungsstätte der Evangelischen Studiengemeinschaft in Heidelberg eingesetzten interdisziplinären Kommission.[1]

Stand die nukleare Abschreckung zu Zeiten des Kalten Krieges und des NATO-Doppelbeschlusses im Zentrum politischer und

---

[1] Mitglieder dieser Kommission waren u. a. der Physiker und Philosoph Carl Friedrich von Weizsäcker, der Physiker Günter Howe, die Theologen Helmut Gollwitzer, Karl Janssen, Hermann Kunst, Edmund Schlink, Erwin Wilkens, der Historiker Richard Nürnberger, der Jurist Ulrich Scheuner sowie der damals neu berufene Leiter der FEST, der Philosoph Georg Picht.

kirchlicher Debatten, geriet sie in den letzten drei Jahrzehnten weitgehend aus dem öffentlichen Fokus. Das scheint sich nun zu ändern. Spätestens mit dem April 2017, als die Situation in Nordkorea eskalierte und dem verbalen Schlagabtausch zwischen Kim Jong-un und Donald Trump die Drohung auf beiden Seiten folgte, im Falle eines Krieges Atomwaffen einzusetzen, ist die nukleare Problematik – auch innerkirchlich – wieder präsent.

Mit der nuklearen Abschreckung verbunden sind ethische Dilemmata, wenn nicht gar „Aporien" (Rudolf 2018a). Darf man – so die vorrangige Frage – mit Waffen drohen, die niemals eingesetzt werden dürfen? Das bis heute bestehende nukleare Tabu unterliegt Risiken. Mit dem Ende der Bipolarität des Kalten Krieges und den neuen weltpolitischen Konstellationen scheinen diese eher größer geworden zu sein. Zumindest erweist sich die aktuelle geopolitische Lage als deutlich komplexer. Mit den neuen „zwei geopolitischen Dreiecken" USA – Russland – China und China – Indien – Pakistan (vgl. den Beitrag von Peter Rudolf in diesem Band) sind nicht nur „neue Großmachtrivalitäten" (Rudolf 2018b) erkennbar, auch kommt China eine neue Schlüsselposition zu, die bis heute noch wenig reflektiert ist. Gleichfalls sind internationale Rüstungskontroll- und Abrüstungsbemühungen an einen Tiefpunkt angelangt und die nukleare Option weiterhin Bestandteil von Militärstrategien. Die *Nuclear Posture Review* der USA von 2018 beispielsweise sieht diese sogar für nichtnukleare Bedrohungen vor.

Vor diesem Hintergrund erscheint ein *Global Zero*, eine Welt ohne Atomwaffen, dringender denn je. Während dieses friedenspolitische Ziel als Konsens gelten kann, ist der Weg dorthin umstritten. Ist es – wie Wolfgang Lienemann formuliert – für die Kirchen an der Zeit, „die Frage nach der moralischen Legitimierbarkeit von Kernwaffen und Nuklearstrategien eindeutig zu verneinen"? Oder anders gefragt: Müssen die Heidelberger Thesen, vor 60 Jahren als friedensethische Kompromissformel in der Nuklearfrage entstanden, als überholt gelten? Der Beitrag nimmt eine Gegenposition ein und argumentiert – ohne damit das (langfristige) Ziel der Ächtung von Nuklearwaffen zu negieren – für ein Ernstnehmen der friedensethischen Komplementarität der Heidelberger Thesen.[2]

2 Die Komplementarität der Heidelberger Thesen als Kompromissformel

Komplementarität (von Lat. *complementum*, Ergänzung, Vervollständigung) ist ein aus der Quantenphysik entliehener Begriff. Der Physiker Nils Bohr (1927) bezog Komplementarität auf die Erfahrungstatsache, dass atomare Teilchen zwei paarweise gekoppelte, scheinbar einander widersprechende Eigenschaften besitzen.[3] Im friedensethischen Kontext prägte maßgeblich Carl Friedrich von Weizsäcker diesen Begriff. Bereits 1943 stellte er in seinem Werk „Zum Weltbild der Physik" fest:

> „In Wirklichkeit scheint Bohr mit dem Begriff der Komplementarität etwas zu bezeichnen, was nicht auf die spezielle Situation der Quantenmechanik beschränkt ist, sondern überall da auftritt, wo eine bestimmte Blickrichtung uns daran hindert, gleichzeitig in einer anderen Blickrichtung zu schauen, und zwar nicht zufällig, sondern dem Wesen der Sache nach" (Weizsäcker 2002 [1943], S. 331).

In Anwendung dieses Begriffs heißt es dann in den Heidelberger Thesen (1959):

---

2 Die folgende Argumentation basiert auf Werkner (2013 u. 2019b).

3 Zum physikalischen Begriff und seiner Übertragung in den philosophischen und theologischen Kontext vgl. Röhrle (2001) und Schirrmacher (2006).

„These 6: Wir müssen versuchen, die verschiedenen im Dilemma der Atomwaffen getroffenen Gewissensentscheidungen als komplementäres Handeln zu verstehen.
These 7: Die Kirche muss den Waffenverzicht als eine christliche Handlungsweise anerkennen.
These 8: Die Kirche muss die Beteiligung an dem Versuch, durch das Dasein von Atomwaffen einen Frieden in Freiheit zu sichern, als eine heute noch mögliche christliche Handlungsweise anerkennen."

Diese Komplementaritätsthese, als Kompromissformel entwickelt (vgl. auch Möller 1990, S. 197f.; Stümke 2011, S. 59f.), sollte die Kontroversen um die beiden einander ausschließenden Möglichkeiten – die Friedenssicherung durch militärische Mittel oder durch vollständigen Verzicht auf Gewalt – einhegen und das Entweder-Oder durch ein Sowohl-als-Auch ersetzen. Ausführungen hierzu finden sich in der Begründung der These 11:

„Faktisch stützt heute jede der beiden Haltungen, die wir angedeutet haben, die andere. Die atomare Bewaffnung hält auf eine äußerst fragwürdige Weise immerhin den Raum offen, innerhalb dessen solche Leute wie die Verweigerer der Rüstung, die staatsbürgerliche Freiheit genießen, ungestraft ihrer Überzeugung nach zu leben. Diese aber halten, so glauben wir, in einer verborgenen Weise mit den geistlichen Raum offen, in dem neue Entscheidungen vielleicht möglich werden."

War die Komplementaritätsthese zunächst auf die konkrete Situation der atomaren Abschreckung bezogen, wurde sie dann auch allgemein auf die beiden Grundhaltungen gegenüber militärischer Gewalt und die Entscheidung zwischen Wehrdienst und Zivildienst angewandt. Diese Argumentation setzte sich nach dem Ende des Kalten Krieges fort. Das EKD-Dokument „Schritte auf dem Weg des Friedens. Orientierungspunkte für Friedensethik und Friedenspolitik" betont explizit, dass die Kirche weder den Waffendienst noch den gewaltfreien Friedensdienst exklusiv vertreten könne.

Vielmehr würden sich Soldaten und Kriegsdienstverweigerer ergänzen und wechselseitig begründen:

> „Die Soldaten sind auf die Kriegsdienstverweigerer und die Friedensdienste angewiesen, damit ihr Handeln als Ausdruck der politischen Verantwortung von Christen wahrgenommen und nicht als ein Sich-Abfinden mit dieser Welt fehlinterpretiert wird; die Kriegsdienstverweigerer und die Friedensdienste sind aber auch auf die Soldaten angewiesen, damit ihr Handeln als Zeugnis christlicher Hoffnung verstanden und nicht als Ausdruck der fehlenden Solidarität mit den Opfern von Gewalt und Friedensbruch missdeutet wird" (EKD 1994, S. 23f.).

Die Friedensdenkschrift der EKD von 2007 führt die Grundausrichtung des „Sowohl-als-Auch" bezüglich der Legitimierung militärischer Gewalt fort, ohne aber mehr mit der gegenseitigen Bedingtheit beider Positionen zu argumentieren:

> „Das christliche Ethos ist grundlegend von der Bereitschaft zum Gewaltverzicht (Mt 5,38ff.) und vorrangig von der Option für die Gewaltfreiheit bestimmt. In einer nach wie vor friedlosen, unerlösten Welt kann der Dienst am Nächsten aber auch die Notwendigkeit einschließen, den Schutz von Recht und Leben durch den Gebrauch von Gegengewalt zu gewährleisten (vgl. Röm 13,1-7). Beide Wege, nicht nur der Waffenverzicht, sondern ebenso der Militärdienst, setzen im Gewissen und voreinander verantwortete Entscheidungen voraus" (EKD 2007, Ziff. 60).

Und auch hinsichtlich der Frage nach der ethischen Legitimierung nuklearer Abschreckung stehen beide gegensätzliche Haltungen – der Nuklearpazifismus, wonach „die Drohung mit Nuklearwaffen heute nicht mehr als Mittel legitimer Selbstverteidigung betrachtet werden" könne (EKD 2007, Ziff. 162), und die Position, nach der „die Abschreckung gültiges Prinzip" bleibe (EKD 2007, Ziff. 164) – unvermittelt nebeneinander. Die Grundidee der Heidelberger

Thesen, den an sich unvereinbaren Positionen ihren Antagonismus zu nehmen, geht damit verloren. Auch inhaltlich greift diese Konstellation der EKD-Denkschrift zu kurz; beide einander ausschließende Haltungen und Maxime sind nicht widerspruchsfrei und können nicht voneinander losgelöst betrachtet werden.

3 Ethische Zugänge zur nuklearen Abschreckung

Prinzipiell lassen sich in friedensethischen Debatten um die nukleare Abschreckung drei grundlegende Positionen voneinander unterscheiden (Quinlan 1989, S. 195):

> „(1) Der Einsatz nuklearer Waffen muß stets verwerflich sein, folglich auch der Besitz zum Zwecke der Abschreckung.
> (2) Der Einsatz kann in bestimmten Formen und unter bestimmten Umständen legitim sein, folglich kann der Besitz gerechtfertigt werden.
> (3) Während der Einsatz stets als verwerflich gelten muß, kann der Besitz zum Zwecke der Abschreckung zu rechtfertigen sein."

Bei allen stellen sich kritische Anfragen: Vertreterinnen und Vertreter der ersten Position müssen sich fragen lassen, wie sie es verantworten können, den Einsatz von Atomwaffen einseitig „durch keine Gegenmacht eingeschränkte Option den Skrupellosen und Aggressiven [zu] überlassen" (Quinlan 1989, S. 196). Denn Nuklearwaffen sind entwickelt und präsent. Zwar lassen sich auch Hoffnungen auf eine atomwaffenfreie Welt in Anschlag bringen. Angesichts aktueller Entwicklungen (wie der bereits angesprochenen Renaissance der Geopolitik) scheint diese aber eher ferne Vision als politische Realität. Und auch der Atomwaffenverbotsvertrag von 2017 vermag es nicht, die Nuklear- und NATO-Staaten mit einzubeziehen.

Die zweite Position kann das Glaubwürdigkeitsproblem nuklearer Abschreckung zwar umgehen, ist aber mit dem Problem der Verhältnismäßigkeit konfrontiert und der Frage, wie ein nuklearer Einsatz überhaupt mit einer differenzierten und verhältnismäßigen Anwendung von Gewalt einhergehen kann. Selbst die Entwicklungen „kleiner" Atomwaffen („Mini-Nukes") können das Problem der Verhältnismäßigkeit nicht lösen, denn auch bei Atomwaffen mit geringer Sprengkraft wären „Kollateralschäden an der Zivilbevölkerung infolge der Verstrahlung durch den radioaktiv verseuchten Auswurf ungeheuer groß" (Barleon 2012, S. 141).

Befürworterinnen und Befürworter der dritten Position müssen sich schließlich dem Dilemma stellen, mit Waffen zu drohen, die niemals eingesetzt werden dürfen. Nukleare Abschreckung bedarf der hinreichenden Entschlossenheit, diese im Ernstfall auch einzusetzen. Entfällt diese Handlungsoption, verfehlt Abschreckung ihre Wirkung. So liegt dieser Option die prekäre Annahme zugrunde, „durch das bewußte Eingehen von Risiken [...] den Gegner zu einer bestimmten positiven Verhaltensweise anzuregen beziehungsweise ihn von spezifischen Handlungen abzuhalten" (Senghaas 1981, S. 124).

Die achte Heidelberger These, „durch das Dasein von Atomwaffen einen Frieden in Freiheit zu sichern", ist – auch wenn das „Dasein" nicht näher spezifiziert wird – der dritten Position zuzurechnen. Zu fragen wäre zunächst, ob sich dieser Ansatz in den vergangenen Jahrzehnten bewährt hat. Die Antwort fällt zwiespältig aus: Einerseits dürfte die nukleare Abschreckung – unbenommen aller Ungewissheiten – dazu beigetragen haben, einen Atomkrieg zu verhindern. Andererseits hat sie eine nachhaltige Abrüstung nicht befördern können. Eine Dämpfung der nuklearen Rüstungsdynamik ist aber grundsätzlich möglich, auch wenn es dazu begünstigender Rahmenbedingungen bedarf; dafür stehen beispielsweise der INF- und der New Start-Vertrag. Und auch wenn der Nichtverbreitungsvertrag – wie häufig zu Recht kritisiert – zu keiner nachhaltigen Reduzierung des atomaren Potenzials der Nuklearstaaten geführt hat, konnte er zumindest die Proliferation begrenzen.

4 Nukleare Abschreckung unter neuen weltpolitischen Konstellationen

Wie ist die Strategie der nuklearen Abschreckung unter heutigen Prämissen zu bewerten? Das grundlegende Dilemma, das „doppelte Risiko" (Lienemann 1982, S. 172), wonach Kriegsverhütung durch nukleare Abschreckung versagen, zugleich aber auch ein einseitiger nuklearer Waffenverzicht beziehungsweise Nuklearwaffen ausschließlich in Händen von Autokraten oder Diktatoren einen Frieden in Freiheit gefährden kann, ist nach wie vor gegeben.

Mit der Wiederkehr der Geopolitik scheint die Strategie der nuklearen Abschreckung politisch eine Renaissance zu erfahren. Dabei haben die neuen weltpolitischen Konstellationen der letzten Jahre – seien es die komplexeren multipolaren Strukturen oder die aktuellen Militärstrategien von NATO und Nuklearstaaten – zweifellos die Hemmschwelle eines Einsatzes atomarer Waffen sinken und die Risiken eines (auch zufällig ausgelösten) Nuklearkrieges ansteigen lassen. Die kriegsverhütende Funktion nuklearer Abschreckung ist fragiler geworden.

Das bedeutet im Umkehrschluss aber nicht, dass ein einseitiger Verzicht atomarer Waffen die Wahrscheinlichkeit ihres Einsatzes verringern würde; vielmehr wäre auch diese Option eine Gefahr für den Frieden. Das beträfe weniger eine deutsche Aufgabe der nuklearen Teilhabe. Aber man stelle sich nur hypothetisch vor, dass ausschließlich Länder wie Nordkorea oder Russland Nuklearwaffen besäßen. Wie wäre es dann um die Freiheit von Ländern mit anderen Wert- und Ordnungsvorstellungen (wie die westliche Welt) oder ehemaliger Sowjetrepubliken, die sich nunmehr dem Einfluss Russlands entziehen, bestellt?

Und auch die neuen technologischen Entwicklungen – taktische Kernwaffen geringerer Sprengkraft, mit denen sich zugleich die Führbahrkeit begrenzter Nuklearkriege verbindet – führen zu keinem Paradigmenwechsel. Zum einen ist die Debatte um die begrenzte Kriegsführungsmöglichkeit nicht neu; seit den 1950er Jahren steht diese im Fokus strategischer Überlegungen (vgl. Kissinger 1959, S. 149ff,; Schmidt 1961, S. 124). Zum anderen liegen die technischen Möglichkeiten völkerrechtlich legitimer, das heißt nach dem Verhältnismäßigkeitsprinzip und dem Unterscheidungsgebot geführter atomarer Kriege nach wie vor in weiter Ferne (vgl. den Beitrag von Jürgen Altmann in diesem Band).[4] Darüber hinaus spricht auch weiterhin vieles gegen die Wahrscheinlichkeit einer (nicht legitimierbaren) begrenzten atomaren Kriegsführung. So besteht das bis zur eigenen Vernichtung reichende Eskalationsrisiko begrenzter – und auch nur gegen taktische Ziele gerichteter – Nukleareinsätze nach wie vor:

> „Selbst wenn der Krieg anfangs mit sogenannten wenig ertragreichen Kernwaffen geführt werden sollte, wird die verlierende Seite stets vor der Versuchung stehen, das Gleichgewicht durch den Gebrauch von Waffen mit größerer Stärke wiederherzustellen, und damit wiederum die Gegenvergeltung herausfordern. Hinzu kommt […], daß Beschränkungen der Größe der anzuwendenden Waffen in der Praxis nicht erzwungen werden können, und jede

---

4 Und selbst die gegenteilige Annahme hätte zwar einen nuklearen Tabubruch zur Folge; in diesem Falle würden dann aber auch zentrale ethische Infragestellungen und Voraussetzungen für eine Ächtung atomarer Waffen entfallen.

Seite wird deshalb dem Gegner durch den Gebrauch der größten geeigneten Waffen zuvorzukommen suchen" (Kissinger 1959, S. 149).

Ein begrenzter Nukleareinsatz wäre extrem voraussetzungsreich, müssten beiden Seiten „zuverlässige Nachrichten über die Absichten der anderen zur Verfügung stehen" (Kissinger 1959, S. 152). Damit bleibt er – ungeachtet aktueller Militärstrategien – nicht nur unmöglich, sondern vor allem auch für alle Seiten unerwünscht (vgl. Kissinger 1959, S. 150).

Welche Schlussfolgerungen lassen sich daraus ziehen? – Lediglich eine Abschaffung von Atomwaffen zu fordern, erweist sich als zu einfach. Eine Aufgabe ist unmöglich, wenn sie nicht allseitig ist. Zudem kann sie „zu einer völligen Umkehrung von Wirkung und Ursache verleiten, wenn die Nuklearwaffen als Ursache der Gefahr ausgegeben werden, statt die politischen Ursachen des Konflikts im Auge zu behalten" (Nerlich und Rendtorff 1989, S. 36f.). Das heißt nicht, auf die Vision einer Welt ohne Atomwaffen zu verzichten. Man muss aber zwischen Hoffnung (auch im Glauben) und realpolitischer Umsetzung differenzieren. Frieden ist ein Prozess. Die Komplementarität der Heidelberger Thesen bringt diesen Prozesscharakter zum Ausdruck. Dabei gilt es, das „Noch" der Heidelberger Thesen näher zu bestimmen. Es impliziert Interimslösungen. Diese dürfen aber nicht – wie Wolfgang Lienemann (1982, S. 173) moniert – so weit interpretiert werden, ihm eine „letztlich zeitlose Gültigkeit für die Dauer dieser gefallenen Welt" zuzuschreiben. Vielmehr müssen sie als „Bestandteil eines Konzepts des politischen Wandels" (Nerlich und Rendtorff 1989, S. 34) gefasst werden. So ist das „Noch" nicht lediglich zeitlich, sondern konditional zu interpretieren. Nukleare Abschreckung kann „eine heute noch mögliche", das heißt ethisch verantwortbare Option darstellen, wenn sie an Rüstungskontroll- und Abrüstungsschritte rückgebunden wird, um einem Frieden in Freiheit näher zu kommen.

Der Atomwaffenverbotsvertrag mag hier ein wichtiges Signal geben, auch im Sinne einer friedensethischen Komplementarität, eine politische Durchschlagskraft besitzt er nicht, ist er ohne die Nuklear- und NATO-Staaten geschlossen worden. Zudem konstatiert Harald Müller, führender Frankfurter Friedensforscher: „Die Qualität des Vertrags bietet im Vergleich zum NVV [Nichtverbreitungsvertrag, Anm. d. Verf.] keinen großen Fortschritt und in einigen Details sogar Rückschritte" (Müller 2018, S. 66). So reiße er Regelungslücken neu auf, „die mit dem NVV und Beschlüssen seiner Überprüfungskonferenzen (etwa zur Kontrolle von Dual-Use-Gütern) geschlossen schienen" (Müller 2018, S. 65).

5 Ausblick: Nukleare Abrüstung durch gemeinsame Sicherheit

Der Beitrag plädiert für ein Ernstnehmen der Komplementarität der Heidelberger Thesen unter Einschluss nuklearer Abschreckung. Das negiert nicht das Ziel der Ächtung von Nuklearwaffen, betont aber den Prozesscharakter des Friedens. Mit dem „Noch" der Heidelberger Thesen verbinden sich weitgehende rüstungspolitische Schritte. Dabei wird man auf die Grundidee der gemeinsamen Sicherheit (vgl. Werkner 2019a) nicht verzichten können. Mit dem Begriff der gemeinsamen Sicherheit ist der Lösungsansatz bereits angezeigt: Sicherheit ist nicht mehr *voreinander*, sondern nur noch *miteinander* zu suchen (vgl. Schubert 1992, S. 161). Das kann sich heute nicht mehr nur auf die USA und Russland beschränken; multipolare Strukturen erfordern die Einbeziehung aller relevanten Akteure. Das erschwert gemeinsame Sicherheit, dennoch ist sie alternativlos. Darauf verweisen auch die mit der neuen technologischen Entwicklungen und weltpolitischen Konstellationen einhergehenden Risiken. Frieden als soziales Phänomen kann nicht durch einen einzelnen – auch kollektiven – Akteur, sondern immer nur gemeinsam verwirklicht werden. Bei der geforderten Rüstungskontrolle und Abrüstung kommt vertrauensbildenden Maßnahmen ein besonderer Stellenwert zu. Dieser Zugang ist nicht neu, aber in den letzten Jahrzehnten mit dem Fokus auf Institutionen des liberalen Friedens wie EU und NATO – auch in innerkirchlichen Debatten – in gravierender Weise vernachlässigt worden. Nachhaltige rüstungspolitische Schritte müssen, wollen sie erfolgreich sein, mit einer Stärkung von kooperativen Strukturen und Organisationen wie der OSZE einhergehen.

Zugleich muss Abrüstung stufenweise und für alle Staaten gangbare Schritte beinhalten. Im Hinblick auf die nukleare Abrüstung kann dies beispielsweise von atomwaffenfreien Zonen über negative Sicherheitsgarantien[5] bis hin zu Begrenzungen auf ausschließlich strategische Nuklearwaffen[6] oder eine Minimalabschreckung reichen. Hier bedarf es aber auch der Entwicklung neuer und alternativer Abrüstungsschritte, die in der Lage sind, entsprechende Anreize auch für Nuklearwaffenstaaten zu schaffen. Gesucht werden müssen *win-win*-Situationen. Und erst am Ende dieses Weges kann ein *Global Zero*, eine Ächtung von Nuklearwaffen, stehen.

Zudem stellt die Umsetzung gemeinsamer Sicherheit nicht nur eine Aufgabe politischer Eliten dar, sie erfordert zugleich gesellschaftliche Anstrengungen:

„Erst wenn die Denkfigur der gemeinsamen Sicherheit Gemeingut und der Bewußtseinswandel weniger zur Selbstverständlichkeit für

---

5 Gemeint ist die Garantie, Nicht-Nuklearstaaten nicht mit Nuklearwaffen anzugreifen.
6 Taktische Kernwaffen bergen aufgrund ihrer begrenzten Schadenswirkung ein erhöhtes Risiko, das nukleare Tabu zu durchbrechen.

viele geworden ist, werden die Baumeister die nötige Legitimation für den Umbau besitzen" (Schubert 1992, S. 164).

Den Kirchen kommt hierbei eine nicht unerhebliche Bedeutung zu, können sie im Namen des gerechten Friedens dazu beitragen, Vertrauen aufzubauen und eine neue Dialogkultur zu befördern, ist Dialog gerade dort am drängendsten, wo er unmöglich erscheint (vgl. Reißig 2008, S. 34).

Literatur

Barleon, Leopold. 2012. Heben Mini-Nukes die Singularität auf? In *Die Singuläre Waffe. Was bleibt vom Atomzeitalter?*, hrsg. von Constanze Eisenbart, 129–141. Wiesbaden: VS Verlag für Sozialwissenschaften.
Evangelische Kirche in Deutschland (EKD). 1994. *Schritte auf dem Weg des Friedens. Orientierungspunkte für Friedensethik und Friedenspolitik*. Hannover: EKD.
Evangelische Kirche in Deutschland (EKD). 2007. *Aus Gottes Frieden leben – für gerechten Frieden sorgen. Eine Denkschrift des Rates der Evangelischen Kirche in Deutschland*. Gütersloh: Gütersloher Verlagshaus.
Härle, Wilfried. 2011. *Ethik*. Berlin: de Gruyter.
Heidelberger Thesen zur Frage von Krieg und Frieden im Atomzeitalter. 1959. In *Christliche Ethik und Sicherheitspolitik. Beiträge zur Friedensdiskussion*, hrsg. von Erwin Wilkens 1982, 237–247. Frankfurt a. M.: Evangelisches Verlagswerk.
Kissinger, Henry A. 1959. *Kernwaffen und auswärtige Politik*. München: Oldenbourg Verlag.
Lienemann, Wolfgang. 1982. Geschichte und Zukunft der Komplementarität. In *Christen im Streit um den Frieden*, hrsg. von Aktion Sühnezeichen/Friedensdienste, 169–177. Freiburg: Dreisam-Verlag.
Möller, Ulrich. 1990. *Im Prozeß des Bekennens. Brennpunkte der kirchlichen Atomwaffendiskussion im deutschen Protestantismus 1957–1962*.

Dissertationsschrift, vorgelegt an der Theologischen Fakultät der Ruprecht-Karls-Universität Heidelberg.

Müller, Harald. 2018. Der Nukleare Nichtverbreitungsvertrag und der neue Kernwaffenverbotsvertrag – harmonisch, kompatibel, unverträglich? *Sicherheit und Frieden* 36 (2): 61–66.

Nerlich, Uwe und Trutz Rendtorff. 1989. Einleitung der Herausgeber. In *Nukleare Abschreckung – Politische und ethische Interpretationen einer neuen Realität*, hrsg. von Uwe Nerlich und Trutz Rendtroff, 19–53. Baden-Baden: Nomos.

Quinlan, Michael. 1989. Die Ethik der nuklearen Abschreckung. Eine Kritik des Hirtenbriefs der amerikanischen Bischöfe. In *Nukleare Abschreckung – Politische und ethische Interpretationen einer neuen Realität*, hrsg. von Uwe Nerlich und Trutz Rendtorff, 185–220. Baden-Baden: Nomos.

Reißig, Rolf. 2008. Weltgesellschaft – Dialog- und Transformationsprojekt des 21. Jahrhunderts. In *Weltgesellschaft. Ein Projekt von links!*, hrsg. von Egon Bahr, 21–40. Berlin: Berliner vorwärts Verlagsgesellschaft.

Röhrle, Erich A. 2001. *Komplementarität und Erkenntnis: Von der Physik zur Philosophie*. Münster: LIT.

Rudolf, Peter. 2018a. *Aporien atomarer Abschreckung. Zur US-Nukleardoktrin und ihren Problemen*. Berlin: SWP.

Rudolf, Peter. 2018b. *US-Geopolitik und nukleare Abschreckung in der Ära neuer Großmachtrivalitäten*. Berlin: SWP.

Schirrmacher, Thomas. 2006. Die *Entdeckung der Komplementarität, ihre Übertragung auf die Theologie und ihre Bedeutung für das biblische Denken*. MBS Texte 66, 3. Jg.

Schmidt, Helmut. 1961. *Verteidigung oder Vergeltung*. Stuttgart: Seewald Verlag.

Schubert, Klaus von. 1992. *Von der Abschreckung zur gemeinsamen Sicherheit*. Baden-Baden: Nomos.

Senghaas, Dieter. 1981. *Abschreckung und Frieden. Studien zur Kritik organisierter Friedlosigkeit*. 3. Aufl. Frankfurt a. M.: Europäische Verlagsanstalt.

Stümke, Volker. 2011. Der Streit um die Atombewaffnung im deutschen Protestantismus. In *Friedensethik im 20. Jahrhundert*, hrsg. von Volker Stümke und Matthias Gillner, 49–69. Stuttgart: Kohlhammer.

Weizsäcker, Carl Friedrich von. 2002 [1943]. *Zum Weltbild der Physik*. 14. Aufl. Stuttgart: Hirzel.

Werkner, Ines-Jacqueline. 2013. Komplementarität als Königsweg christlicher Friedensethik? Kontroversen im Spannungsfeld von Pazifismus und militärischer Gewalt. *Sicherheit und Frieden* 31 (3): 133–139.

Werkner, Ines-Jacqueline. 2019a. Gemeinsame Sicherheit – eine friedenslogisch orientierte Sicherheitsstrategie. In *Europäische Friedensordnungen und Sicherheitsarchitekturen*, hrsg. von Ines-Jacqueline Werkner und Martina Fischer, 111–126. Wiesbaden: Springer VS.

Werkner, Ines-Jacqueline. 2019b. Neue friedensethische Herausforderungen – Autonome Waffen, Cyberwar und nukleare Abschreckung. In *Auf dem Weg zu einer Kirche der Gerechtigkeit und des Friedens: Friedenstheologisches Lesebuch*, hrsg. von Renke Brahms und Irmgard Schwaetzer, 141–158. Leipzig: Evangelische Verlagsanstalt.

Nukleare Abschreckung – zur Perspektive der römisch-katholischen Kirche

Klaus Ebeling

1 Einleitung: Eine neue Positionierung im Nuklearwaffenstreit?

Die Völker der Vereinten Nationen bekunden gleich im ersten Satz der Charta vom 26. Juni 1945 den festen Entschluss, „künftige Geschlechter vor der Geißel des Krieges zu bewahren, die zweimal zu unseren Lebzeiten unsagbares Leid über die Menschheit gebracht hat". Damit wird der Politik nicht bloß die Vermeidung von Kriegen, sondern die Überwindung des Krieges als Instrument des Konfliktaustrages aufgetragen.

In der katholischen Tradition offizieller Stellungnahmen zu Krieg und Frieden darf wohl die sowohl politisch erfolglose als auch innerhalb der Kirche kontrovers beurteilte Friedensinitiative Benedikts XV. vom 1. August 1917 als „Geburtsstunde der modernen katholischen Friedenslehre bezeichnet werden" (Beestermöller 1995, S. 144; vgl. Baadte 1984). Das in ihr vertretene Kriegsächtungskonzept:

„Der allererste und wichtigste Punkt muß sein: an die Stelle der materiellen Gewalt der Waffen tritt die moralische Macht des Rechts; infolgedessen soll eine gerechte Verständigung aller über die gleichzeitige und gegenseitige [besser: wechselseitige; im Original: réciproque; Eb] Abrüstung nach zu vereinbarenden Regeln und Garantien erfolgen [...] (Papst Benedikt XV. 1917, zit. nach Beestermöller 1995, S. 144)

gewinnt vor allem nach dem II. Weltkrieg breite Zustimmung, als nach Hiroshima und Nagasaki die speziell von Kernwaffen ausgehenden Gefahren zunehmend ins Blickfeld rücken. Ungeachtet der zumindest deklaratorisch akzeptierten Kriegsächtungsperspektive ist allerdings – bis heute – strittig geblieben, ob beziehungsweise inwieweit eine der Logik nuklearer Abschreckung vertrauende Sicherheitspolitik damit noch zu vereinbaren ist.

Neuere Stellungnahmen von Papst Franziskus beziehungsweise des Heiligen Stuhls haben nun bisweilen aufgeregte Reaktionen provoziert: Bedeutet ihr kategorisches Nein zum Besitz von Kernwaffen eine Abkehr von der im Konzilstext *Gaudium et spes* (DBKSekr 1982, S. 60ff.) umrissenen, in nachfolgenden offiziellen Dokumenten immer wieder bekräftigten, auch präzisierten Position, der zufolge nukleare Abschreckung „unter den gegenwärtigen Bedingungen [...] – natürlich nicht als ein Ziel an sich, sondern als ein Abschnitt auf dem Weg einer fortschreitenden Abrüstung – *noch für moralisch annehmbar* gehalten werden" kann (so z. B. Papst Johannes Paul II. in seiner Botschaft an die Zweite Sondergeneralversammlung der Vereinten Nationen für Abrüstung 1982, zit. nach DBK 1983, S. 52, Hervorh. d. Verf.)?

Zur Vorbereitung der Begründung meiner Einschätzung werde ich zunächst in historischer Perspektive zentrale Argumente (Abschnitt 2) weltkirchlicher und deutscher Stellungnahmen rekapitulieren.[1] Erst vor diesem Hintergrund erscheint es mir möglich, die im Blick auf die gegenwärtige weltpolitische Konstellation und deren Dynamik getroffenen „neuen" Aussagen angemessen zu interpretieren (Abschnitte 3 und 4). Zum Abschluss dieses Beitrages möchte ich in Auseinandersetzung mit typischen Missverständnissen im aktuellen Einschätzungsstreit noch eine kurze prozessethische Reflexion vortragen (Abschnitt 5).

2 Die Einschätzung von Nuklearwaffen und nuklearer Abschreckung im Kontext katholischer Friedensethik – ein orientierender Rückblick (1944/45–2000)

2.1 Der Vatikan

In Kenntnis der Vorbereitungen zur Gründung der Vereinten Nationen erklärt Papst Pius XII. in seiner Weihnachtsbotschaft vom 24. Dezember 1944, „daß die Theorie des Krieges als eines tauglichen und angemessenen Mittels, zwischenstaatliche Streitfragen zu lösen, nunmehr überholt sei" (Papst Pius XII. 1944, zit. nach Hoppe 1986, S. 64). Allerdings schließt er damit nicht aus, dass gegen eine Aggression auch militärischer Widerstand, also ein Verteidigungskrieg, geboten sein kann. Wenn aber – so eine einschränkende Aussage aus dem Jahre 1953 – die zu erwartenden „Schäden, die er nach sich zieht, unvergleichlich größer sind als die der ‚geduldeten Ungerechtigkeit', kann man verpflichtet sein,

---

[1] Diese Beschränkung ist ausschließlich dem hier vorgegebenen Rahmen geschuldet; sie beabsichtigt keine Abwertung der Stellungnahmen anderer Bischofskonferenzen oder anderer katholischer Stimmen.

die ‚Ungerechtigkeit auf sich zu nehmen'" (Papst Pius XII. 1953, zit. nach Hoppe 1986, S. 65). Die Frage, ob dies im Falle eines mit ABC-Waffen geführten Krieges immer zu unterstellen ist, wird jedoch trotz eindringlicher Warnungen vor den wahrscheinlichen Konsequenzen nicht eindeutig beantwortet. So rekurriert er 1954 in einer Ansprache an die Teilnehmer des 8. Internationalen Ärztekongresses auf das Kriterium der Kontrollierbarkeit:

> „Man kann die Frage nach der Erlaubtheit des Atomkrieges sowie des chemischen und bakteriologischen Krieges grundsätzlich auch nur für den Fall stellen, wo er zur Selbstverteidigung unter den angegebenen Bedingungen als unvermeidlich angesehen werden muß. Aber selbst dann muß man sich mit allen Mitteln bemühen, ihn mit Hilfe internationaler Vereinbarungen zu verhindern oder für seine Anwendung genügend klare und enge Grenzen zu ziehen, damit seine Wirkungen auf die strengen Erfordernisse der Verteidigung beschränkt bleiben. Wenn dennoch die Anwendung dieses Mittels eine solche Ausdehnung des Übels mit sich bringt, daß es sich der Kontrolle des Menschen völlig entzieht, muß sein Gebrauch als unsittlich verworfen werden" (Papst Pius XII. 1954, zit. nach Hoppe 1986, S. 66).

Erst in der konziliaren Pastoralkonstitution *Gaudium et spes* (7. Dezember 1965) findet sich dann jene Argumentation, die, obgleich durchaus kontrovers besprochen, zur weltkirchlich maßgebenden Referenz geworden ist. Vorbereitet wurde sie in der Enzyklika *Pacem in terris* (11. April 1963). Dort problematisiert Papst Johannes XXIII. im Kontext seiner menschenrechtlich fundierten Darlegungen zur politischen Ordnung des Zusammenlebens bereits die ins Wettrüsten treibende Logik der Abschreckung und fordert unmissverständlich, *„daß Atomwaffen verboten werden*; und daß endlich alle auf Grund von Vereinbarungen zu einer entsprechenden Abrüstung mit wirksamer gegenseitiger Kontrolle gelangen" (Papst Johannes XXIII. 1963, Ziff. 112, abgedruckt in

Zur Perspektive der römisch-katholischen Kirche

DBKSekr 1982, S. 30, Hervorh. d. Verf.). Freilich formuliert er dies im Wissen darum, dass

> „die Abrüstung oder – erst recht – die völlige Beseitigung der Waffen so gut wie unmöglich sind, wenn dieser Abschied von den Waffen nicht allseitig ist und auch die Gesinnung erfaßt, das heißt, wenn sich nicht alle einmütig und aufrichtig Mühe geben, daß die Furcht und die angstvolle Erwartung eines Krieges aus den Herzen gebannt werden. Dies setzt aber voraus, daß an die Stelle des obersten Gesetzes, worauf der Friede sich heute stützt, ein ganz anderes Gesetz trete, wonach der Friede unter den Völkern nicht durch Gleichheit der militärischen Rüstung, sondern nur durch gegenseitiges Vertrauen fest und sicher bestehen kann" (Papst Johannes XXIII. 1963, Ziff. 113, abgedruckt in DBKSekr 1982, S. 30).

Interessant ist in diesem Zusammenhang die Einschätzung seiner Erklärung „gleichsam als Stufe und Zugang zu der zu schaffenden rechtlichen und politischen Ordnung aller Völker auf der Welt" (Papst Johannes XXIII. 1963, Ziff. 144, abgedruckt in DBKSekr 1982, S. 36). Von seinem Nachfolger Paul VI. wird sie in der Weihnachtsbotschaft 1963 auf bemerkenswerte Weise ergänzt:

> „Jene Enzyklika hat uns, wenn man so sagen kann, die neue Problematik des Friedens und des Dynamismus der Elemente gelehrt, aus denen er sich ergeben muß: seine klassische Begriffsbestimmung nach Augustinus, ‚Ruhe der Ordnung', erscheint uns heute mehr als das Ergebnis einer geordneten Bewegung der die Ruhe und die Sicherheit des Friedens bildenden Faktoren als der gleichbleibenden Statik: als Gleichgewicht der Bewegung" (Papst Paul VI. 1963, abgedruckt in DBKSekr 1982, S. 39).

In *Gaudium et spes* nun wird die Kritik an der „Methode der Abschreckung" zugespitzt, weil das von wechselseitigem Misstrauen beherrschte Sicherheitsstreben zugleich der Kriegsursachenbekämpfung entgegenwirkt:

„Während man riesige Summen zur Herstellung immer neuer Waffen ausgibt, kann man nicht genügend Hilfsmittel bereitstellen zur Bekämpfung des Elends in der heutigen Welt. [...] Der Rüstungswettlauf ist eine der schrecklichsten Wunden der Menschheit, er schädigt unerträglich die Armen. Wenn hier nicht Hilfe geschaffen wird, ist zu befürchten, daß er eines Tages all das tödliche Unheil bringt, wozu er schon jetzt die Mittel bereitstellt. Gewarnt vor Katastrophen, die das Menschengeschlecht heute möglich macht, wollen wir *die Frist, die uns noch von oben gewährt wurde*, nutzen, um mit geschärftem Verantwortungsbewusstsein Methoden zu finden, unsere Meinungsverschiedenheiten auf eine Art und Weise zu lösen, die des Menschen würdiger ist. [...] Es ist also deutlich, daß wir mit all unseren Kräften jene Zeit vorbereiten müssen, in der auf der Basis einer Übereinkunft zwischen allen Nationen jeglicher Krieg absolut geächtet werden kann. Das erfordert freilich, daß eine von allen anerkannte öffentliche Weltautorität[2] eingesetzt wird, die über wirksame Macht verfügt, um für alle Sicherheit, Wahrung der Gerechtigkeit und Achtung der Rechte zu gewährleiten" (Gaudium et spes 1965, Ziff. 81f., abgedruckt in DBKSekr 1982, S. 64, Hervorh. d. Verf.).

Solange dies nicht erreicht ist, kann man zwar, „wenn alle Möglichkeiten einer friedlichen Regelung erschöpft sind, einer Regierung das Recht auf sittlich erlaubte Verteidigung nicht absprechen" (Gaudium et spes 1965, Ziff. 79, abgedruckt in DBKSekr 1982, S. 62), das Zerstörungspotenzial insbesondere der neuen „wissenschaftlichen Waffen" setzt aber auch einer „gerechten Verteidigung" enge Grenzen. Vor allem gilt:

„Jede Kriegshandlung, die auf die Vernichtung ganzer Städte oder weiter Gebiete und ihrer Bevölkerung unterschiedslos abstellt,

---

2 Dieser Gedanke weist zwar über die Gestalt der Vereinten Nationen hinaus, zielt aber nicht – wie bereits in *Pacem in terris* (Ziff. 137–145, abgedruckt in DBKSekr 1982 S. 35) ausgeführt – auf eine zentralistische Weltstaatsidee ab.

Zur Perspektive der römisch-katholischen Kirche

ist ein Verbrechen gegen Gott und gegen den Menschen, das fest und entscheiden zu verwerfen ist" (Gaudium et spes 1965, Ziff. 80, abgedruckt in DBKSekr 1982, S. 62f.).

Diese Positionierung wird in den päpstlichen Friedensbotschaften nach dem Konzil immer wieder bekräftigt, mit lediglich kontextbezogen unterschiedlichen Akzenten. So rückt bei Paul VI. vor allem der Zusammenhang von Frieden und Entwicklung und die durch Kriegsfurcht und Rüstung bedingte Verschwendung materieller wie geistiger Ressourcen ins Zentrum seiner Darlegungen (ein prominentes Beispiel stellt die Enzyklika *Populorum progressio* vom 26. März 1967 dar; abgedruckt in DBKSekr 1982, S. 73–80). Und er problematisiert immer wieder die dominierende „Logik" der Abschreckung: „Die Menschheit [...] muß sich vor allem fragen, ob nicht der Ausgangspunkt ihres Denkens grundfalsch ist und daher radikal geändert werden muß" (Botschaft von Papst Paul VI. an die Abrüstungskonferenz der Vereinten Nationen vom 24. Mai 1978, Abschn. 4, abgedruckt in DBKSekr 1982, S. 178f.). Dabei macht er sich keine Illusionen über die Schwierigkeiten, vom labilen „Gleichgewicht des Schreckens" zu einem „Gleichgewicht des Vertrauens" zu gelangen. Denn ein

> „solides internationales Vertrauen braucht auch [...] Strukturen, die objektiv geeignet sind, die Sicherheit und die Achtung und Anerkennung des guten Rechtes aller gegen einen immer möglichen bösen Willen mit friedlichen Mitteln zu garantieren" (Papst Paul VI. 1978, abgedruckt in DBKSekr 1982, S. 179f.).

Johannes Paul II. führt – was er zum Beispiel in seiner Ansprache vor der Vollversammlung der Vereinten Nationen am 2. Oktober 1979 explizit hervorhebt – die Kritik seines Vorgängers bruchlos mit stark menschenrechtlicher Fokussierung weiter. Zitate aus dieser Ansprache können das wohl prägnant illustrieren. Sie sollen den historischen Rückblick auf päpstliche Friedensbotschaften beschließen:

> Die Allgemeine Erklärung der Menschenrechte „hat den Krieg wirklich an seiner weitverzweigten, tiefreichenden Wurzel getroffen; denn die Kriegslust in ihrer ursprünglichen, grundlegenden Bedeutung keimt und reift dort, wo die unveräußerlichen Menschenrechte verletzt werden. Das ist eine neue Sicht der Sache des Friedens, zutiefst aktuell und zugleich wesentlicher und radikaler. Es ist eine Sicht, die das Entstehen des Krieges und in gewissem Sinne auch seine Substanz in allen möglichen Formen der Ungerechtigkeit unter allen ihren verschiedenen Aspekten erblickt; diese greift zuerst die Menschenrechte an, hierdurch zerreißt sie die organische Einheit der sozialen Ordnung und erschüttert schließlich das gesamte System der internationalen Beziehungen" […] Jede Analyse muß notwendigerweise von den gleichen Prämissen ausgehen: daß nämlich jedes menschliche Wesen eine Würde besitzt, die niemals – auch wenn die Person jeweils in einem konkreten sozialen und gesellschaftlichen Kontext lebt – herabgesetzt, verletzt oder zerstört werden darf, sondern im Gegenteil geachtet und geschützt werden muß, falls man wirklich den Frieden aufbauen will. […] Ihre Verletzung, auch in Zeiten ‚des Friedens', ist eine Form des Krieges gegen den Menschen" (Papst Johannes Paul II. 1979, Ziff. 11, 13 u. 16, abgedruckt in DBKSekr 1982, S. 224 u. 227).

2.2 Die Deutsche Bischofskonferenz

Nach eingehender Beratung veröffentlicht die Deutsche Bischofskonferenz am 18. April 1983 unter dem Titel „Gerechtigkeit schafft Frieden" eine Stellungnahme, mit der sie sich ohne Wenn und Aber zur konziliaren Friedensethik bekennt: „das Ziel muß sein ein umfassender Frieden, die völkerrechtliche Ächtung jedes Krieges" (DBK 1983, Kap. 3.5.2). Eingedenk der „Spannung von eschatologischer Gabe und gegenwärtiger Aufgabe" (DBK 1983, Kap. 2.1), die das biblische Friedensverständnis kennzeichnet, betonen die Bischöfe, dass Friedensförderung (indem „wir mit allen Kräften [...] weltweit für Recht und Gerechtigkeit eintreten" [DBK 1983, Kap. 4]) gegenüber der Friedenssicherung (indem wir „den labilen Frieden zu sichern suchen" [DBK 1983, Kap. 4]) „die weitaus größere und wichtigere Aufgabe ist" (DBK 1983, Kap. 5.3.3). Und dass dieser Dienst am Frieden nicht gelingen kann „ohne die Umkehr von Sicht- und Verhaltensweisen, die vom eigenen Ich und meinem Interesse mehr als vom andern und seinem Interesse, vom Ganzen und dem Gemeinwohl ausgehen" (DBK 1983, Kap. 5.2).

Den Konsens über diese grundsätzliche Orientierung stören jedoch – bis heute – die in diesem Kontext getroffenen Aussagen zur atomaren Abschreckung, welche sich in Übereinstimmung mit dem Konzil (Gaudium et spes, Ziff. 81, abgedruckt in DBKSekr 1982, S. 64) sehen:

> „Der Besitz von Kernwaffen wird vom Konzil nicht verurteilt, die sittliche Beurteilung der Abschreckung mit Kernwaffen wird offengelassen. Die entscheidende Aussage lautet: ‚Viele halten dies [die Abschreckung möglicher Gegner mit Kernwaffen, Anm. d. Verf.] heute für das wirksamste Mittel, einen gewissen Frieden zwischen den Völkern zu sichern. – Wie immer man auch zu dieser Methode der Abschreckung stehen mag, die Menschen sollten überzeugt sein, daß der Rüstungswettlauf, zu dem nicht wenige ihre Zuflucht nehmen, kein sicherer Weg ist, den Frieden zu sichern, und daß das daraus sich ergebende sogenannte Gleichgewicht kein sicherer und wirklicher Friede ist' (GS 81). Der politischen Wirklichkeit wird insofern Rechnung getragen, als eine solche Bewaffnung vorübergehend toleriert werden kann, vorausgesetzt, wir nutzen ‚die Frist, die uns noch von oben gewährt wurde [...] (GS 81)'. Es handelt sich weniger um einen fixierten Standort als um eine Notstandsethik auf dem Weg weg vom Krieg und hin zu mehr Frieden [...] Ziel des militärischen Beitrags zur Friedenssicherung darf daher unter den heutigen Bedingungen nicht die Kriegsführung, sondern muß die Verhinderung des Krieges sein, und zwar jeden Krieges (DBK 1983, Kap. 3.5.2 u. 4.3.1).

Die nukleare Abschreckung ist dem Bischofswort zufolge demnach zu tolerieren, „solange sie nachweislich der Kriegsverhütung[3] dient" und „sofern auf sie zur Aufrechterhaltung der Sicherheit auf dem mühsamen Weg zur Abrüstung nicht sofort und ersatzlos verzichtet werden kann" (DBK 1983, Kap. 4.4 und 4.3.2). Genauer: Dem Ziel der Kriegsverhütung müssen auch die dafür eingesetzten Mittel (Waffen, Einsatzplanung etc.) entsprechen. Der Text hebt hier drei Kriterien heraus:

- „Bereits bestehende oder geplante militärische Mittel dürfen Krieg weder führbarer noch wahrscheinlicher machen. […]
- Nur solche und so viele militärische Mittel dürfen bereitgestellt werden, wie zum Zweck der an Kriegsverhütung orientierten Abschreckung gerade noch erforderlich sind. […]
- Alle militärischen Mittel müssen mit wirksamer beiderseitiger Rüstungsbegrenzung, Rüstungsminderung und Abrüstung vereinbar sein" (DBK 1983, Kap. 4.3.2).

Im bislang letzten, nun gesamtdeutschen Friedenswort „Gerechter Friede" vom 27. September 2000 entwickeln die Bischöfe eine theologisch fundierte und zugleich realpolitisch geerdete Transformationsperspektive: strikt auf den friedlichen Konfliktaustrag und die dafür erforderlichen Fähigkeiten sowie die sich daraus ergebenden besonderen Aufgaben der Kirche fokussiert. Die Frage nach der ethischen Verantwortbarkeit einer nuklear gestützten Abschreckungspolitik wird dagegen nur am Rande thematisiert,

---

3 Anders als die strikt auf Kriegsverhütung konzentrierte Argumentation des deutschen Bischofswortes ist hier freilich der weltweit beachtete und im Austausch mit der DBK entwickelte US-amerikanische Pastoralbrief zu bewerten, insofern er sich auf die Diskussion von Regeln nuklearer Kriegsführung einlässt (abgedruckt in DBKSekr 1983, S. 5–129; vgl. Krell et al. 1984, S. 249ff.).

allerdings nicht, weil sie für irrelevant gehalten würde. Bereits in der Einleitung wird dazu klärend bemerkt:

> „Die lehramtlichen Äußerungen innerhalb der katholischen Kirche gaben auf diese schwierige, das Gewissen vieler Menschen außerordentliche belastende Frage durchaus unterschiedlich nuancierte Antworten. Sie stimmten aber in der Überzeugung überein, dass die Strategie der nuklearen Abschreckung nur befristet und verbunden mit der Pflicht, ‚mit aller Anstrengung nach Alternativen zur Androhung von Massenvernichtung zu suchen', (GsF 4.3.2 [DBK 1983, S. 54]) ethisch toleriert werden könne. Diese Bewertung hat nichts von ihrer Gültigkeit verloren" (DBK 2000, Ziff.2).

Erst in Positionspapieren der Deutschen Kommission Justitia et Pax rückt die Kernwaffenproblematik wieder ins Zentrum kirchlicher Aufmerksamkeit, zuerst in „Die wachsende Bedeutung nuklearer Rüstung. Herausforderung für Friedensethik und Politik" (JuPax 2008), dann in „Die Ächtung der Atomwaffen als Beginn nuklearer Abrüstung" (JuPax 2019).

Bevor sie, zusammen mit den aktuellen römischen Wortmeldungen, gewürdigt werden, ist es aber wohl angebracht, die themarelevanten weltpolitischen Entwicklungen zu vergegenwärtigen. Das soll hier nur in knapper Form, gleichsam stichwortartig, geschehen (vgl. hierzu auch die anderen Beiträge in diesem Band).

3 Zur weltpolitischen Konstellation der Gegenwart – enttäuschte Erwartungen nach dem Umbruch von 1989

Der von vielen erhoffte, freilich nicht von allen gewollte Durchbruch zu einem neuen Denken und Handeln in der Außen- und Sicherheitspolitik, das unzweideutig am Prinzip gemeinsamer Sicherheit orientiert und beharrlich um den Aufbau vertrauensbasierter

Beziehungen bemüht ist, fand nicht statt: Zu viele Akteure blieben letztlich doch vertrauten Mustern realpolitischer Machtpolitik verhaftet – oder ließen sich von ihnen überwältigen. Damit geriet auch das einst proklamierte Ziel nuklearer Abrüstung „down to zero" in weite Ferne.

Unbestreitbar haben die gesellschaftlichen Umbrüche um 1989 einen weltpolitischen Strukturwandel forciert, der vielerorts mit massiven Ordnungsverlusten bezahlt werden muss. Im Zuge weltweit beschleunigter ökonomischer wie ökologischer Krisenproduktion und der Herausbildung einer weltpolitisch neuen multipolaren Konstellation verändern sich die internationalen Machtverhältnisse, mit kaum überschaubaren Auswirkungen auf das Gefüge internationaler Organisationen. Ebenso erzeugt oder beeinflusst dies innerhalb vieler Staaten gesellschaftliche Konflikte: Instabilität bis hin zum Staatsverfall, Terrorismus, auch die in unserer Weltgegend gern unterschätzte Erosion traditioneller Selbst- und Weltbilder (und zum Teil militante Gegenreaktionen) sind die Folge.

Die dadurch maßgeblich mitbewirkte Enttäuschung anspruchsvoller Hoffnungen auf *Frieden und Gerechtigkeit* hat nun allerdings den Wert von *Sicherheit und Selbstinteresse* (individuell wie kollektiv) inflationiert. Auf dem Gebiet der Sicherheitspolitik haben Abschreckung, Überlegenheitsstreben, Aufrüstung und Waffenmodernisierung wieder Konjunktur – und eben auch die Rechtfertigung nuklearer Optionen, auf deren kirchlicher Kritik der folgende Abschnitt konzentriert ist.

4 Das kirchliche Engagement für die Ächtung der Atomwaffen – eine pazifistische Radikalisierung christlicher Friedensethik?

Nun zu dem 2008 publizierten und oben bereits erwähnten Text von Justitia et Pax: Wegen seiner hellsichtigen Analyse und Einschätzung politischer und gesellschaftlicher Prozesse ist er nach wie vor relevant und konnte in dem 2019 vorgelegten Positionspapier im Blick auf Entwicklungen der letzten Jahre sowie im Anschluss an die jüngsten päpstlichen beziehungsweise vatikanischen Wortmeldungen (vgl. Papst Franziskus 2017a und b; The Holy See 2014) mit leicht modifizierter Fokussierung fortgeschrieben werden.

In Übereinstimmung mit den älteren Stellungnahmen gehen beide Texte bei ihrer Nuklearwaffenkritik von einem kategorischen Friedensimperativ aus und verorten diese prozessethisch im Kontext einer auf Gewaltminderung und Gerechtigkeitsfortschritt verpflichteten Friedensethik.

4.1 Eine verschärfte Kritik an der Strategie der Abschreckung

Gegen die Logik nuklearer Abschreckungspolitik spricht deren Widersprüchlichkeit; denn sie beansprucht, den sittlich nie zu rechtfertigenden Einsatz von Atomwaffen zu verhindern, indem sie eben damit droht. Sie sucht Sicherheit „herzustellen", indem sie zumindest Unsicherheit (und Misstrauen) bezüglich der Einsatzbereitschaft erzeugt.

Der Versuch, die Verbindung von Abschreckung und Selbstabschreckung mittels der Ersetzung der Doktrin massiver Vergeltung (*massive retaliation*) durch die Doktrin der flexiblen Reaktion (*flexible response*) zu lockern und dadurch die Glaubhaftigkeit der Drohung zu stärken, begünstigt jedoch zugleich eine Senkung der (Erst-)Einsatzschwelle und die Vorstellung, dass im Falle des Versagens der Abschreckung durch den Einsatz „kleinerer" und zunehmend „zielgenauer" Atomwaffen ein atomarer Konflikt in seiner Wirkung zu begrenzen und mit nicht katastrophalen Folgen zu gewinnen sei. Das wiederum treibt aber das Streben nach überlegener Angriffs- und Verteidigungsfähigkeit und eine sie optimierende Rüstungsdynamik an. Zumal unter den Bedingungen einer multipolaren Konstellation mit Akteuren verschiedenster Art (hinsichtlich Herrschaftsstruktur, Risikobereitschaft etc.) muss die Unterstellung strategisch wie operational „rationaler" Kalkulierbarkeit und die Erwartung verlässlicher Stabilität des Abschreckungssystems hochgradig unvernünftig erscheinen.

Wenn sich aber nun diese Widersprüchlichkeiten systemimmanent nicht beseitigen und die Zweifel an der Einlösbarkeit zureichender Eskalations- und Wirkungskontrolle nicht zerstreuen lassen,

- weil zum einen sowohl die Erinnerung an Situationen wie die Kubakrise oder an die inzwischen bekannten Fehleinschätzungen, Falschinformationen und Unfälle während des Kalten Krieges als auch der heute nötige Verweis auf instabile Staaten wie Pakistan und Nordkorea oder auf das kaum überschaubare Konfliktgeflecht im Nahen Osten und zudem Planungen in den politischen und militärischen Zentren der „Haves" und ihrer Bündnispartner dem entgegenstehen (vgl. beispielsweise die aktuelle US-amerikanische *Nuclear Posture Review*, U.S. Department of Defense 2018) und
- weil zum anderen nicht glaubhaft aufgezeigt werden konnte, wie bei der Zerstörung militärischer Ziele tatsächlich die Missachtung der völkerrechtlich gebotenen Unterscheidung

Zur Perspektive der römisch-katholischen Kirche

von Kombattanten und Nichtkombattanten und eine massive Schädigung von Mensch und Umwelt zu vermeiden wäre,

dann darf eine solche Politik nuklearer Abschreckung nicht länger gerechtfertigt werden (vgl. JuPax 2008, S. 15ff.; 2019, S. 11ff.). Umso wichtiger werden dann aber kirchliche Initiativen, die bei der Erschließung und beim Bau gangbarer Wege „heraus aus dem Gefängnis" kompetent mithelfen (können) – und nicht zuletzt in Politik und Gesellschaft auch überzeugend dafür werben (können), dass es Zeit ist, loszugehen.

4.2 Die unbedingte Ächtung von Atomwaffen

Eine Ächtung der Atomwaffen ergibt sich den kirchlichen Texten zufolge zwingend aus der vorgetragenen Problemanalyse: Wer auf dem zwar gewohnten, aber falschen Weg bleibt, wird kaum je dort ankommen, wo er (angeblich?) hin will. Man muss vielmehr den richtigen Ausgangspunkt wählen – hier: das Ächtungsgebot – und den richtigen Weg finden – hier: dessen prozessethische Konkretisierung –, um die Chance zu wahren, das erhoffte Ziel – hier: die Abschaffung von Atomwaffen – einmal zu erreichen.

Im Sinne dieser vordergründig trivialen Überlegung ist nun allerdings auch die ältere *Tolerierbarkeitsthese* zu lesen. Die Kommission Justitia et Pax betont 2008, dass die amtliche Position der Kirche zwar nicht den „sofortigen einseitigen Verzicht auf nukleare Abschreckungsmittel" fordert, aber auf

> „eine baldmöglichst zu verwirklichende allseitige Überwindung der nuklearen Abschreckung [drängt, Anm. d. Verf.]. Wegen der gegen sie geltend zu machenden ethischen Bedenken war [in den einschlägigen Stellungnahmen, Anm. d. Verf.] dabei nicht von einer vorläufigen Akzeptierbarkeit, hingegen lediglich von ihrer

,Tolerierbarkeit' unter präzise bestimmenden Bedingungen die Rede" (JuPax 2008, Kap. 1).

„Die Rede vom ‚Noch' war und ist nicht als Legitimation zur einfachen Fortschreibung der Abschreckung zu verstehen. Sie soll lediglich den notwendigen politischen Spielraum zur deutlichen Verringerung der Abhängigkeit der Kriegsverhütung von Mitteln nuklearer Abschreckung, zur angestrebten vollständigen Überwindung atomarer Rüstungen und damit auch der mit ihnen verbundenen Einsatzszenarien erhalten. An der konkreten Nutzung dieses Spielraums ist die Politik zu messen" (JuPax 2008, Kap. 3.1).

Und wenig später heißt es:

„Ein unverzichtbarer Schritt auf dem Weg zur Abschaffung von Nuklearwaffen ist ihre internationale Ächtung. Hinsichtlich der B- und C-Waffen [...] sind mittlerweile ihre globale politische Ächtung und entsprechende vertragliche Abrüstungsverpflichtungen möglich geworden" (JuPax 2008, Kap. 3.2).

Diese Klarstellung geschieht freilich nicht ohne Grund. Denn – so die zutreffende Diagnose – seitens der Politik wurde das tolerierende „Noch" „zu oft entweder überhört oder als friedensethisch gerechtfertigte Akzeptanz umgedeutet und die kirchliche Position dadurch instrumentalisiert". Deshalb „gewinnen die Argumente dafür, dass dieses ‚Noch' seine Geltung zunehmend einbüßt, immer mehr an Gewicht" (JuPax 2008, Kap. 3.1).[4]

Ebenso setzen die päpstlichen beziehungsweise vatikanischen Stellungnahmen der letzten Jahre dagegen ihr Nein: im Sinne einer klaren Richtungsweisung wie auch im Wissen darum, dass Arbeit am Frieden sich auf hindernisreichen Wegen zu bewähren

---

4 Vgl. dazu auch die 1997 veröffentliche Stellungnahme von Pax-Christi-Bischöfen in den USA (Pax Christi 1998) und das Statement von Pax Christi International (2006).

hat. Prozessethische Sensibilität lässt sich gut an der folgenden Passage in der Botschaft von Papst Franziskus an die UN-Konferenz zu Verhandlungen über ein Atomwaffen-Verbot" vom 23. März 2017 ablesen:

> „Die internationale Gemeinschaft ist aufgerufen, zukunftsweisende Strategien umzusetzen, um das Ziel von Frieden und Stabilität zu fördern und kurzsichtige Lösungsansätze für Probleme nationaler und internationaler Sicherheit zu vermeiden. In diesem Kontext wird das letzte Ziel der vollkommenen Abschaffung von Atomwaffen sowohl zu einer Herausforderung als auch zu einer moralischen und humanitären Pflicht. Eine *praktische* Herangehensweise sollte ein Nachdenken über eine Ethik des Friedens und der multilateralen, kooperativen Sicherheit fördern. Diese muss über die Haltungen der Angst und des Isolationismus hinausgehen, die viele der heutigen Debatten beherrschen. Eine Welt ohne Atomwaffen zu verwirklichen, das umfasst einen *langfristigen Prozess*, der auf das Bewusstsein gegründet ist, dass ‚alles miteinander verbunden ist' in der Perspektive einer ganzheitlichen Ökologie (vgl. Laudato si', 117.138). Das gemeinsame Schicksal der Menschheit erfordert die *pragmatische* Stärkung des Dialogs sowie Aufbau und Konsolidierung von Mechanismen des Vertrauens und der Zusammenarbeit, die in der Lage sind, die Voraussetzungen für eine Welt ohne Atomwaffen zu schaffen. (Papst Franziskus 2017a, Hervorh. d. Verf.).

Der Papst unterstützt also klar das von den adressierten Akteuren verfolgte (und mit der Verabschiedung des Nuklearwaffenverbotsvertrags forcierte) politische und völkerrechtliche Ziel, der gefährlichen Entwertung des Nichtverbreitungsvertrages[5] infolge der Missachtung der im Art.VI eingegangenen Abrüstungsverpflichtung sowie der Risikoeskalation nuklearer Abschreckung unter den

---

5 Dessen Verhältnis zum Verbotsvertrag beleuchtet Harald Müller (2018); zur Kritik an einer Entgegensetzung von NVV und Atomwaffenverbotsvertrag vgl. auch BICC et al. (2019, S. 37ff.).

Bedingungen zunehmender Multipolarität entgegenzuwirken und so auch der Zwiespältigkeit des IGH-Gutachtens aus dem Jahre 1996 zu entkommen. Dem zufolge ist nämlich nicht per se der Besitz von Kernwaffen, sondern nur der Kernwaffeneinsatz oder dessen Androhung völkerrechtlich verboten; mit einer allerdings wichtigen Einschränkung: der Urteilsenthaltung im Falle einer extremen Selbstverteidigungssituation, in der die Existenz eines Staates auf dem Spiel stünde (vgl. den Beitrag von Hans-Joachim Heintze in diesem Band).

Stärker jedoch als die verhandelnden Akteure und erst recht als die meisten Akteure der sogenannten *Strategic Community* wenden Papst und Kirche (zusammen mit rüstungs- und militärkritischen Teilen der Zivilgesellschaft) sich gegen sicherheitspolitisch verengte Überlegungen zu den Themen Menschenrechte, Vertrauensbildung, Gemeinwohlorientierung, Armutsbekämpfung, internationale Gerechtigkeit, nachhaltige Entwicklung, Ressourcenschonung etc., insofern sie wirklich radikales Umdenkens verdeckt verweigern. In der Darlegung des Heiligen Stuhls zum Kernwaffenverbot (The Holy See 2014) wird diese Forderung im Zusammenhang der Kritik sicherheitspolitisch dominierender Denkweisen mit besonderem Nachdruck vertreten – wohl gerade, weil zu viele der maßgeblichen Personen und Institutionen diese den Kirchen zwar zugestehen, manchmal sogar wohlwollend kommentieren, sich im üblichen Geschäftsgang aber nicht sonderlich daran stören:

> "A genuine peace cannot grow out of an instrumental prudence that establishes a precarious ethics focused narrowly on the technical instruments of war. What is needed is a constructive ethic rooted in a deeper vision of peace, an ethic in which means and ends coincide more closely, where the positive components of peace inform and limit the use of force. [...] The rationality that gives rise to peace is not technical reasoning of weapons scientists and arms-control specialists. It consists rather in the broad moral reasoning that rises from examined living and is sourced by our

historic wisdom traditions. At its best, it posits a morality of ends as the basic architecture of politics. [...] Autonomous technical reason, unguided by a deeper moral vision and tempered by the virtues of the good human life, can result in catastrophe, as the misuse of the Just War Tradition in support of unjust wars over the centuries demonstrates [...]. In short, to achieve nuclear abolition, we need to resist succumbing to the limits set by political realism" (The Holy See, S. 5 u. 11).

5 „Noch" und „Entweder-Oder" – eine prozessethische Schlussbemerkung

Kann – so die Frage der Einführung zu diesem Band – atomare Abschreckung eine „heute noch mögliche" ethische Option sein? Weder Ja noch Nein treffen zwingend den „springenden Punkt". Denn was genau meint „noch mögliche Option"? Weder impliziert die Rede vom „Noch", wie oben dargetan, die Zustimmung zur nuklearen Abschreckung als legitimer sicherheitspolitischer „Option" (im Sinne einer frei wählbaren Alternative) noch deren Ablehnung einen Jetzt-und-Alles-Pazifismus. Dagegen verweigert sich die durchaus gerne gepflegte Neigung zum Entweder-Oder der ja eher schlichten Einsicht, dass selbst wichtigste Prinzipien und Normen wie auch beste Absichten prozesslogisch ausgearbeitet und praktischer Bewährung ausgesetzt werden müssen. Essentialistisch verhärtete Unterscheidungen zwischen (nahe verorteten) Mitteln und (fern verortetem) Zweck werden der Aufgabe fortlaufend wechselseitiger Reflexion von Mitteln und Zwecken jedenfalls nicht gerecht; wie übrigens auch der Begriff „angewandter" Ethik[6] und

---

6 Besser charakterisiert Matthias Kettner (1999) sie als „Triangulierung von Tatsachen-, Wert- und Normurteilen". Zu meinen prozessethischen Überlegungen und ihrer theoretischen Verortung vgl. Ebeling (2006, S. 13ff. u. 25ff.).

sprachliche Ausdrucksformen wie die Unterscheidung zwischen Moral als „Grund" und allen anderen Bedürfnissen, Interessen und Werten als „Aufbauten" den Blick darauf zu verstellen drohen, dass moralisch zu rechtfertigende konkrete politische Entscheidungen weder allein moralische Gesichtspunkte berücksichtigen noch auch immer deren Priorität unterstellen dürfen (vgl. Schmücker 2017). Und schließlich bleibt auch die Kritik an einer überwertig „realpolitisch" organisierten Sicherheitspolitik solange defizitär, als sie in einem Dualismus von „Sicherheitslogik" und „Friedenslogik" verfangen bleibt (vgl. Ebeling 2017; Jaberg 2019).

Zum Schluss noch ein Wort aus einer inspirierenden Abhandlung über einen ziemlich alten Begriff:

> „Wenn uns die *politische Urteilskraft* von der Vorstellung befreit, politisches Handeln wäre vorrangig die Angelegenheit ideenerfüllter und diese Ideen realisierender Individuen, die man daher nur noch vom Richtigen überzeugen und klug miteinander koordinieren muss, dann ist auch schon ein erster wichtiger Schritt hin zu einem angemessenen Verständnis von ‚Gemeinsinn' getan. Mit diesem Schritt wird allerdings auch die Vorstellung von fix-und-fertigen Individuen, die sich selbst vollkommen durchsichtig sind, fragwürdig. *An ihrer Stelle wären sowohl Verfahren der Selbstüberlistung von der eigenen Voreingenommenheit als auch institutionelle Strukturen zu ersinnen, die uns nicht nur von den Irrtümern unseres individuellen Selbst bewahren, sondern uns auch noch positive Erlebnisse des angestrebten Gemeinsinns verschaffen*" (Esser 2017, S. 996, Hervorh. d. Verf.).

Literatur

Baadte, Günter. 1984. Die Friedensinitiative Papst Benedikts XV. vom 1. August 1917. In *Dem Krieg zuvorkommen. Christliche Friedensethik und Politik*, hrsg. von Ernst Josef Nagel, 211–231. Freiburg: Herder.
Beestermöller, Gerhard. 1995. *Die Völkerbundsidee. Leistungsfähigkeit und Grenzen der Kriegsächtung durch Staatensolidarität*. Stuttgart: Kohlhammer.
BICC, HSFK, IFSH und INEF (Hrsg.). 2019. *Friedensgutachten 2019. Vorwärts in die Vergangenheit? Frieden braucht Partner*. Berlin: LIT.
Deutsche Bischofskonferenz (DBK). 1983. *Gerechtigkeit schafft Frieden. Wort der Deutschen Bischofskonferenz zum Frieden*. Bonn: Sekretariat der Deutschen Bischofskonferenz.
Deutsche Bischofskonferenz (DBK). 2000. *Gerechter Friede*. Bonn: Sekretariat der Deutschen Bischofskonferenz.
Deutsche Bischofskonferenz, Sekretariat (DBKSekr) (Hrsg.). 1982. *Verlautbarungen des Apostolischen Stuhls. Bd. 23: Dienst am Frieden. Stellungnahmen der Päpste, des II. Vatikanischen Konzils und der Bischofssynode von 1963 bis 1982*. 2. Aufl. Bonn: Sekretariat der Deutschen Bischofskonferenz.
Deutsche Bischofskonferenz, Sekretariat (DBKSekr) (Hrsg.). 1983. *Stimmen der Weltkirche. Bd. 19 und Bd. 19A: Bischöfe zum Frieden*. Bonn: Sekretariat der Deutschen Bischofskonferenz.
Deutsche Kommission Justitia et Pax (JuPax). 2008. *Die wachsende Bedeutung nuklearer Rüstung. Herausforderung für Friedensethik und Politik*. Bonn: Justitia et Pax.
Deutsche Kommission Justitia et Pax (JuPax). 2019. *Die Ächtung der Atomwaffen als Beginn nuklearer Abrüstung*. Berlin: Justitia et Pax.
Ebeling, Klaus. 2006. *Militär und Ethik. Moral- und militärkritische Reflexionen zum Selbstverständnis der Bundeswehr*. Stuttgart: Kohlhammer.
Ebeling, Klaus. 2017. Sicherheit statt Frieden? *Kompass. Soldat in Welt und Kirche* (7-8): 6–9.
Esser, Andrea Marlen. 2017. Politische Urteilskraft – Zur Aktualität eines traditionellen Begriffs. *Deutsche Zeitschrift für Philosophie* 65 (6): 975–998.
Hoppe, Thomas. 1986. Friedenspolitik mit militärischen Mitteln. Eine ethische Analyse strategischer Ansätze. Köln: Bachem.

Jaberg, Sabine. 2019. Frieden und Sicherheit. Von der Begriffslogik zur epistemischen Haltung. In *Europäische Friedensordnungen und Sicherheitsarchitekturen*, hrsg. von Ines-Jacqueline Werkner und Martina Fischer, 13–42. Wiesbaden: Springer VS.

Kettner, Matthias. 1999. Neue Perspektiven der Diskursethik. In *Ethik technischen Handelns. Praktische Relevanz und Legitimation*, hrsg. von Armin Grunwald und Stephan Saupe, 153–195. Heidelberg: Springer.

Krell, Gert, Thomas Risse-Kappen und Hans-Joachim Schmidt. 1984. Die Herausforderung der Nuklearrüstung. Gutachten zum Pastoralbrief der US-Bischofskonferenz über Krieg und Frieden. In *Politik und Ethik der Abschreckung,* hrsg. von Franz Böckle und Gert Krell, 214–252. Mainz: Grünewald und München: Kaiser.

Müller, Harald. 2018. Der Nukleare Nichtverbreitungsvertrag und der neue Kernwaffenverbotsvertrag – harmonisch, kompatibel, unverträglich? *Sicherheit und Frieden* 36 (2): 61–66.

Papst Franziskus. 2017a. *Botschaft von Papst Franziskus an die UNO-Konferenz zu Verhandlungen über ein Atomwaffen-Verbot* vom 23. März 2017. Vatican: Libreria Editrice Vaticana.

Papst Franziskus. 2017b. *Ansprache von Papst Franziskus an die Teilnehmer am internationalen Symposium zum Thema Abrüstung* am 10. November 2017. Vatican: Libreria Editrice Vaticana.

Pax Christi (US-Bischöfe). 1998. Die Moralität der nuklearen Abschreckung. *Probleme des Friedens* (3): 143–152.

Pax Christi International. 2006. *Get Rid of Nuclear Weapons through Disarmament, Legal Accountability and Good Faith*. Brussels: Pax Christi International.

Schmücker, Reinold. 2017. Transperspektivischer und perspektivgebundener Vorrang der Moral. Eine bescheidene Vorrangthese – und ihre Bedeutung für die normative Ethik. In *Vorrang der Moral? Eine metaethische Kontroverse*, hrsg. von Martin Hoffman, Reinhold Schmücker und Héctor Wittwer, 106–120. Frankfurt a. M.: Klostermann.

The Holy See. 2014. *Nuclear Disarmament: Time for Abolition. A Contribution of the Holy See*. Geneva: Permanent Mission of the Holy See to the United Nations and Other International Organizations.

U.S. Department of Defense. 2018. *Nuclear Posture Review*. Washington D.C.

Zur Politik und Ethik nuklearer Abschreckung unter veränderten internationalen Bedingungen

Peter Rudolf

1 Einleitung

Die nukleare Abschreckung ist wieder da. Fort war sie zwar nie, doch in den Hintergrund gerückt – und zumindest in Deutschland im Laufe der letzten Jahrzehnte aus dem öffentlichen Bewusstsein verschwunden. Doch die Hoffnung, das Abschreckungssystem durch atomare Abrüstung zu überwinden, hat getrogen. Nukleare Abschreckung gewinnt in der Ära neuer Großmachtrivalitäten und damit einhergehender Bedrohungsvorstellungen erhöhte Bedeutung. Die Rüstungskontrolle verfällt, die Modernisierung der Kernwaffenarsenale geht voran. Die überkommene „Nuklearordnung", die auf Abschreckung, faktischem Nicht-Einsatz, Rüstungskontrolle und Nichtverbreitung gegründet war, zeigt deutliche Zeichen der Erosion (vgl. Tannenwald 2018).[1]

Im Folgenden soll daher der Frage nachgegangen werden, wie sich diese Entwicklungen auf die politischen und ethischen Grundannahmen nuklearer Abschreckung auswirken. Der Blick

---

1 Dieser Beitrag stützt sich auf Rudolf (2018a, 2018b).

richtet sich vor allem auf die US-amerikanische Abschreckungspolitik und ihre Rolle im westlichen Bündnis. Dort ist deutsche Politik mit der Problematik nuklearer Abschreckung konfrontiert. Schließlich versteht sich die NATO nach wie vor als „nukleares Bündnis". Im Falle einer Bedrohung der fundamentalen Sicherheit eines Mitgliedstaates besitzt es, wie etwa im Abschlussdokument des Brüsseler Gipfeltreffens vom Juli 2018 zu lesen, die Fähigkeit und die Entschlossenheit, einem Gegner inakzeptable Kosten aufzuerlegen (vgl. NATO 2018). Abschreckung soll die Perzeptionen des potenziellen Gegners, seine Kosten-Nutzen-Kalkulation, beeinflussen; und Kernwaffen dienen dazu, dem Gegner die Möglichkeit einer relativ überschaubaren Kosten-Nutzen-Kalkulation zu entziehen und die Ungewissheit über die Gesamtkosten einer Aggression zu erhöhen. Diese Funktion erfüllen im Rahmen der sogenannten erweiterten Abschreckung vor allem die amerikanischen Atomwaffen.

2 Nukleare Abschreckung unter veränderten internationalen Konstellationen

Zur Zeit des Ost-West-Konflikts war die „Nuklearordnung" im Kern bipolar: Russland versus USA. Frankreich und Großbritannien waren auf amerikanischer Seite. Die chinesischen Nuklearwaffen verblieben eher im Hintergrund. Indien hatte keine große Eile mit dem Ausbau seines Programms. Die israelischen und südafrikanischen Atomwaffen existierten offiziell nicht (im Falle Südafrikas wurden diese 1991 auch aufgegeben). Pakistan und Nord-Korea kamen als Atommächte erst nach Ende des Ost-West-Konflikts hinzu.

Heute hat die Nuklearordnung einen multipolaren Charakter, wobei sich zwei „Dreiecke" unterscheiden lassen: Das eine wird von den USA, Russland und China gebildet, das andere von China, Indien und Pakistan. Dies hat zur Folge, dass Rüstungsprogramme in einem Staat, die auf einen bestimmten potenziellen Gegner zielen, auch von dritter Seite als bedrohlich wahrgenommen werden können. Daher ist gelegentlich die Rede von einem „Trilemma" – und zwar in Anlehnung an das Konzept des Sicherheitsdilemmas, dessen Kerngedanke lautet: Maßnahmen zur Stärkung der eigenen Sicherheit können die Sicherheit anderer Staaten verringern und so zu Macht- und Rüstungskonkurrenzen führen. Die Multipolarität der Nuklearordnung erschwert Rüstungskontrolle, wie sie zwischen den USA und der Sowjetunion beziehungsweise Russland betrieben wurde und von der nur noch der *New Strategic Arms Reduction Treaty* (New START) existiert (vgl. Acton 2018, S. 33ff.). Vermutlich ist Rüstungskontrolle im klassischen Verständnis von Parität und der Bewahrung der wechselseitigen Vernichtungsfähigkeit nur unter der höchst unwahrscheinlichen Voraussetzung möglich, dass die USA und Russland zu massiven Abrüstungsschritten bereit wären (vgl. Krepinevich 2019).

Die USA und Russland haben ihre Bestände an Nuklearwaffen seit Beginn der 1990er Jahre reduziert; doch zusammen verfügen sie noch immer über rund 90 Prozent aller Atomwaffen weltweit. Nach den Bestimmungen von New START haben die USA und Russland die Zahl ihrer gefechtsbereit stationierten strategischen Gefechtsköpfe auf jeweils 1.550 verringert. Nirgendwo deutlicher als in der Aufrechterhaltung der prompten Einsatzfähigkeit von Hunderten Raketen mit etwa 900 Atomgefechtsköpfen auf jeder Seite zeigt sich jedoch, in welchem Maße die nukleare Gegnerschaft aus der Zeit der Ost-West-Konfrontation fortdauert (vgl. Koblentz 2014, S. 7ff). Beide Seiten halten an der Option fest, notfalls unter höchstem Zeitdruck die Entscheidung zum Einsatz ihrer Arsenale treffen zu können, sobald die Frühwarnsysteme den Abschuss gegnerischer Raketen melden (*prompt launch*). So sollte und soll verhindert werden, dass die eigenen Atomwaffen durch einen Erstschlag ausgeschaltet werden. Die Sorge vor einem entwaffnenden nuklearen Erstschlag spielte zur Zeit des amerikanisch-sowjetischen Antagonismus eine große Rolle; dieses Worst-Case-Szenario lag den Planungen zugrunde und prägte die nuklearen Dispositive. Und an deren Struktur hat sich allen Abrüstungsvereinbarungen zum Trotz bis heute nichts grundlegend verändert (vgl. Global Zero Commission 2015, S. 32ff.).

In den USA ist die Revitalisierung nuklearer Abschreckung unter Bedingungen geopolitischer Großmachtrivalitäten zu einem Kerntopos des sicherheitspolitischen Diskurses geworden, wie er sich auch in der *Nuclear Posture Review* vom Februar 2018 widerspiegelt (Department of Defense 2018). Die USA sind schon aufgrund ihrer Bündnisverpflichtungen, den damit einhergehenden Erfordernissen *erweiterter* Abschreckung und der Rückversicherung der unter dem amerikanischen Schutzschirm stehenden Staaten tendenziell auf nukleare Überlegenheit hin ausgerichtet, zumal das Glaubwürdigkeitsproblem, das eigene Überleben zugunsten verbündeter Staaten aufs Spiel zu setzen, seit dem Ende des Ost-West-Konflikts noch virulenter geworden ist (vgl. Gavin 2018). Schon zu Zeiten des Ost-West-Konflikts wurde in Westeuropa die Glaubwürdigkeit der amerikanischen Nukleargarantie immer wieder bezweifelt – und dies, obwohl damals das geopolitische Kerninteresse der USA, die Vorherrschaft einer feindlichen Macht auf dem eurasischen Kontinent zu verhindern, bedroht schien.

Nukleare Abschreckung beruht im amerikanischen Denken auf der Fähigkeit, im Falle eines Konflikts über eine große Bandbreite abgestufter und flexibel nutzbarer nuklearer Optionen zu verfügen, darunter den Einsatz von Atomwaffen mit relativ geringer Sprengkraft (wobei dies ein recht unscharfer Begriff ist und auch

Gefechtsköpfe in der Größe etwa der Hiroshima-Bombe umfasst). Damit soll das Glaubwürdigkeitsproblem umgangen werden, das der Drohung mit dem Einsatz strategischer Atomwaffen bei einem regionalen Konflikt innewohnt, sei es mit Russland im Osten Europas oder mit China im Pazifik. Die USA als konventionell überlegene Macht, so die Sicht im gegenwärtigen Washington, müssen damit rechnen, dass Russland und China im Falle eines Krieges nuklear eskalieren – in der Hoffnung, die militärische Auseinandersetzung dadurch zu ihren Gunsten beenden zu können. Zum Zwecke der erweiterten Abschreckung im Frieden sowie der Eskalationskontrolle und Schadensbegrenzung im Kriegsfalle brauchen die USA ganz im Sinne der der tradierten Abschreckungslogik die Fähigkeit, einen „begrenzten Nuklearkrieg" zu führen. Ob sich ein Nuklearkrieg tatsächlich begrenzen ließe, ist eine offene Frage. So findet sich in der *Nuclear Posture Review* von 2018 das Eingeständnis, dass die „Wiederherstellung" der Abschreckung nach Beginn eines Nuklearkrieges keineswegs sicher, aber in manchen Fällen vielleicht möglich sei und sich so der Schaden für die USA und ihre Verbündeten zu einem gewissen Grad begrenzen ließe (vgl. Department of Defense 2018, S. 23).

Nukleardispositive können sich durchaus unterscheiden: Nuklearwaffen können in eine Strategie gesicherter Vergeltung, aber auch in eine Kriegsführungsstrategie eingebettet sein, die eine asymmetrische Eskalation ermöglichen soll (vgl. Narang 2014). Letzteres trifft für die USA und Russland zu. Kleinere Nuklearmächte wie Frankreich und Großbritannien verfügen über derartige abgestufte *Counterforce*-Optionen nicht; sie orientieren sich an einer „Minimalabschreckung" (vgl. Tertrais 2007).

In Russland werden Atomwaffen weithin positiv gesehen. Westliche Rüstungskontrollkonzepte wie Krisenstabilität und strategische Stabilität haben im russischen militärstrategischen Denken nicht wirklich Fuß gefasst (wie auch nicht in den operativen Planungen des amerikanischen Militärs). Rüstungskontrolle gilt im gegenwärtigen Denken der russischen Elite nicht als Mittel, Sicherheit zu erhöhen. Vielmehr werden die bisherigen nuklearen Rüstungskontrollverträge seit dem Ende des Kalten Krieges als einseitige russische Zugeständnisse wahrgenommen. Die Nuklearrüstung ist gewissermaßen sichtbarer Ausdruck des russischen Anspruchs auf einen Großmachtstatus (vgl. Arbatov 2018).

China erteilt dem Ersteinsatz von Atomwaffen in seiner deklaratorischen Nukleardoktrin bislang eine Absage und setzt auf eine „schlanke und effektive" Abschreckungsfähigkeit. In Peking wird jedoch befürchtet, die von Washington betriebene Entwicklung von Kapazitäten zur Aufklärung, Überwachung und zum „conventional prompt global strike" sowie der Aufbau von Raketenverteidigungssystemen könne die chinesische Zweitschlagsfähigkeit gefährden. Noch ist das chinesische Nukleararsenal zahlenmäßig im Vergleich zu denen der USA und Russlands sehr begrenzt. Offizielle Angaben gibt es nicht; nach Schätzungen verfügt China über rund 290 Atomsprengköpfe (vgl. Kristensen und Korda 2019). Ein Ausbau dieses Potenzials ist jedoch im Gange. Dazu scheint auch eine größere Zahl von Raketen mit Mehrfachgefechtsköpfen zu gehören. Die USA stehen vor der Frage, ob sie im Verhältnis zu China die eigene nukleare Verwundbarkeit auf Dauer hinnehmen werden, die sich aus der Stationierung mobiler landgestützter Interkontinental- und seegestützter ballistischer Atomraketen ergeben mag, oder eine Strategie der Schadensbegrenzung verfolgen, sprich: die Fähigkeit zur präemptiven Ausschaltung des chinesischen Nukleararsenals sicherstellen wollen (vgl. Heginbotham et al. 2017).

Unter den Bedingungen des Ost-West-Konflikts war die Erwartung verbreitet, dass die auf der wechselseitigen Vernichtungsfähigkeit beruhende nukleare Abschreckung dauerhaft einen Krieg verhindern könne. Zweifellos wirkte die wechselseitige Verwundbarkeit in Krisen mäßigend auf die Staatsführungen in

Washington und Moskau. Beide billigten zwar nukleare Kriegsführungsstrategien, benutzten mitunter eine leichtfertige Rhetorik und scheuen auch vor Krisen nicht zurück, aber wenn es hart auf hart kam, wog die Last der Verantwortung schwer (vgl. Craig und Radchenko 2018; Burr 2017). Doch die Abschreckungsbeziehung zwischen den USA und der Sowjetunion blieb von Instabilitätsrisiken belastet. Beide Seiten fürchteten, die andere könnte in einer ernsten Krise den Präemptivschlag erwägen und einleiten (vgl. Blair 2014). Die aus der wechselseitigen Verwundbarkeit resultierende „nukleare Revolution" (Jervis 1989) – ein Begriff, der vor Jahrzehnten geprägt wurde – hat die internationale Politik nicht dauerhaft transformiert. Das Sicherheitsdilemma bleibt insoweit bestehen, als damit gerechnet werden muss, dass die nukleare Abschreckungsfähigkeit aufgrund technologischer Entwicklungen verblasst und die Überlebensfähigkeit der eigenen Nuklearwaffen und damit die Zweitschlagsfähigkeit nicht mehr gesichert sind. Aufgrund von Fortschritten bei der Cyberkriegsführung, aber auch bei weitreichenden zielgenauen konventionellen Waffen, Anti-Satelliten-Waffen, der (amerikanischen) Raketenverteidigung und autonomen Waffensystemen könnte die strategische Stabilität im amerikanisch-russischen Verhältnis in Zukunft eher noch gefährdeter sein (vgl. Miller und Fontaine 2017). Zu rechnen ist auch mit einer weiteren, aus der Zeit des Ost-West-Antagonismus bekannten Entwicklung, nämlich dass sich das Sicherheitsdilemma verschärft und die Rüstungskonkurrenz angeheizt wird. Das dürfte in besonderem Maße für den sich entwickelnden amerikanisch-chinesischen Weltkonflikt gelten.

3 Zur unaufhebbaren ethischen Problematik nuklearer Abschreckung

Abschreckung, gedacht als Instrument zur Verhinderung eines Gewalteinsatzes, beruht auf der bedingten Absicht, massive Gewalt einzusetzen und so dem Gegner die Möglichkeit einer relativ überschaubaren Kosten-Nutzen-Kalkulation zu entziehen und die Ungewissheit über die Gesamtkosten einer Aggression zu erhöhen. Der Einsatz von Kernwaffen aber wäre nach den Kriterien des *ius in bello*, die nicht nur in der humanitär-völkerrechtlichen, sondern auch in der ethischen Diskussion eine zentrale Rolle spielen, nicht oder nur unter engen hypothetischen Voraussetzungen zu rechtfertigen. Die Abschreckungsdrohung basiert, so der Einwand, letztlich darauf, dass unschuldigen Personen ohne ihre Zustimmung das Risiko ernsthaften Schadens aufgebürdet wird, dass sie quasi als Geiseln genommen und so zu einem bloßen Mittel degradiert werden (vgl. Lee 1993, S. 35ff.). *Counterforce*-Strategien, also der Einsatz von Atomwaffen gegen die militärischen – vor allem die nuklearen – Fähigkeiten des Gegners, sollen einen Ausweg aus dem moralischen Dilemma nuklearer Abschreckung eröffnen. Der grundsätzliche Einwand, so wird behauptet, verliere seine Gültigkeit, wenn Atomwaffen so eingesetzt werden können, dass Zivilisten nicht mit Absicht angegriffen werden und Abschreckung die gegnerische Bevölkerung nicht als Geisel nimmt. Doch dem lässt sich entgegenhalten, dass ein rein gegen militärische Ziele gerichteter Einsatz von Kernwaffen abschreckungslogisch nicht effektiv sein könne. Verzichtet man auf die Option, die Konfrontation notfalls bis zur Zerstörung gegnerischer Städte zu eskalieren, begibt man sich der Möglichkeit, nach einem Scheitern der Abschreckung den Gegner während eines Krieges von einer Eskalation abzuhalten (im Sinne der *intra-war deterrence*) und so den Krieg zu begrenzen. Genau dies ist ja eine der Erwartungen, die sich an eine Kriegsführungsabschreckung knüpfen (vgl. Lee 1993, S. 166ff.).

Die genannten prinzipiellen Einwände gegen nukleare Abschreckung ließen sich nur entkräften, wenn sich zum einen überzeugende Argumente dafür finden ließen, dass die Drohung mit einem in letzter Eskalationsstufe unzweifelhaft unmoralischen Einsatz militärischer Gewalt nicht an sich unmoralisch ist (vgl. Coady 1989). Zum anderen müsste plausibel gemacht werden können, dass sowohl das Unterscheidungs- als auch das Verhältnismäßigkeitsgebot im Rahmen einer *Counterforce*-Strategie nicht verletzt wird und ein Atomkrieg in diesem Sinne begrenzbar ist.

Gelegentlich wurde in der ethischen Diskussion argumentiert, der Einsatz von Atomwaffen ziele nicht absichtlich auf die Tötung von Nichtkombattanten. Darauf lässt sich erwidern, dass der strategische Zweck von Abschreckung die Androhung inakzeptabler Schäden sei, zu denen implizit immer auch Verluste unter der Zivilbevölkerung gehören. Die Intentionalität bemisst sich so gesehen am strategischen Zweck – also nicht daran, ob die Raketen sich direkt gegen die Zivilbevölkerung richten, sondern ob deren Schädigung als zweckmäßig in Kauf genommen wird (vgl. Finnis et al. 1987, S. 92ff.).

Apologeten nuklearer Abschreckung argumentieren widersprüchlich, wenn sie sich auf die ethische Diskussion einlassen. Einerseits wird der einzigartige Charakter atomarer Waffen bestritten, wenn die Möglichkeit ihres ethisch und humanitär-völkerrechtlich zu rechtfertigenden Einsatzes behauptet wird. Unkontrollierbare Folgen von Atomwaffeneinsätzen, das heißt radioaktiver *Fallout* und Strahlung, bleiben in diesem Rechtfertigungsansatz genauso ausgeblendet wie die kumulativen Wirkungen fortgesetzter „kleinerer" Einsätze. Andererseits heißt es, nukleare Abschreckung funktioniere, weil sie auf dem Risiko unkontrollierbarer Eskalation und unkalkulierbarer Kosten beruhe. Diese Widersprüchlichkeit der Versuche, nukleare Abschreckung mit der Theorie des gerechten Krieges zu legitimieren, wurde treffend einmal so zusammengefasst (Waas 1989, S. 666):

„Man kann sich aber nicht im Namen der Theorie des gerechten Krieges zur Schadensbegrenzung in einem Atomkrieg verpflichten und im Namen der Abschreckung (auch einer Abschreckung *im* Kriege) nichts mehr davon wissen wollen und trotzdem glauben, noch von ein und derselben Sache zu sprechen. Wenn Abschreckung heißt, mit dem Schlimmsten rechnen zu müssen, und wenn Glaubwürdigkeit der Drohung heißt, auf die Unkalkulierbarkeit dieses Risikos zu setzen, dann kann es dafür im Rahmen der Theorien des gerechten Krieges keine Rechtfertigung mehr geben."

Nicht minder inkohärent ist die sogenannte interimsethische Position, die sich im Zuge der letzten breiten öffentlichen nuklearethischen Debatte während der frühen 1980er Jahren in den großen Kirchen herausgebildet hatte. Darauf haben Befürworterinnen und Befürworter einer auf glaubwürdiger Fähigkeit zur Kriegsführung basierenden atomaren Abschreckung hingewiesen (vgl. Quinlan 1989, S. 206 ff.). Unter den Bedingungen des Ost-West-Konflikts kristallisierte sich in der katholischen Friedenslehre die Auffassung heraus, nukleare Abschreckung sei auf begrenzte Zeit als Instrument der Kriegsverhütung hinzunehmen, aber wegen der Risiken und Kosten auf längere Sicht zu überwinden (vgl. den Beitrag von Klaus Ebeling in diesem Band). Auch im westdeutschen Protestantismus war im Anschluss an die Heidelberger Thesen von 1959 die interimsethische Position einer bedingten Hinnahme atomarer Abschreckung vertreten (vgl. den Beitrag von Wolfgang Lienemann in diesem Band). Interimsethische Positionen setzen voraus, es sei möglich, zwischen der Abschreckungsdrohung und dem Einsatz von Kernwaffen zu trennen. Eine nukleare Abschreckungsdrohung mit dem alleinigen Ziel der Kriegsverhütung galt (als bedingt) hinnehmbar, der tatsächliche Einsatz von Atomwaffen aber (nahezu immer) als verboten. Er könne dem Unterscheidungs- und dem Verhältnismäßigkeitsgebot nicht entsprechen, die in der Lehre vom gerechten Krieg Kriterien zur Beurteilung des Einsatzes militärischer Gewalt sind.

Mit dem Ende des Ost-West-Konflikts entfielen die politischen Bedingungen, unter denen aus interimsethischer Sicht nukleare Abschreckung im Sinne einer „Notstandsethik" (Die deutschen Bischöfe 1983, S. 36) als bedingt hinnehmbar angesehen wurde, nämlich eine wahrgenommene Bedrohung durch ein totalitäres Sowjetregime. Und die gegenwärtige Entwicklung zeigt, dass zumindest die amerikanische Abschreckungspolitik weit von den Bedingungen entfernt ist, die die Nationale Bischofskonferenz der USA 1983 in ihrem Pastoralbrief formuliert hat: vor allem der Verzicht auf nukleares Überlegenheitsstreben, die Ausrichtung auf Kriegsverhütung und Stabilität sowie die Vereinbarkeit mit Abrüstung. Nimmt man diese Bedingungen ernst, dann hat die sogenannte nukleare Interimsethik, wie sie Anfang der 1980er Jahre formuliert wurde, ihr „Verfallsdatum" überschritten (Johnston 2014).

Aufgrund der Aporien, in die traditionelle ethische Ansätze bei der Bewertung nuklearer Abschreckung führen, wurde vor einigen Jahrzehnten – noch unter den Bedingungen des ausklingenden Ost-West-Konflikts – die Überlegung ins Spiel gebracht, atomare Abschreckung genuin als ethische Theorie der Kriegsverhinderung zu interpretieren, die auf die „Eliminierung des Krieges als politischer Option" zielt (Nerlich und Rendtorff 1989, S. 863). Diese Begründung setzt voraus, dass nukleare Abschreckung über die antizipierte Möglichkeit wechselseitiger Vernichtung dauerhaft kriegsverhindernd wirken und militärische Optionen als Mittel der Politik zwischen Atommächten ausschalten kann. Doch die reale Entwicklung der Abschreckungspolitik, zumindest auf amerikanischer Seite, tendiert dazu, die Grundlage der postulierten friedensbewahrenden Wirkung zu unterminieren. Nukleare Abschreckungspolitik muss geradezu zwangsläufig mit ihrem Versagen rechnen und deswegen nach offensiven schadensbegrenzenden Optionen suchen, sei es, weil der Gegner sich nicht dauerhaft als rational kalkulierender Akteur erweisen könnte, sei es, weil er rational kalkulierend in einer Krise das wechselseitige Interesse an der Vermeidung atomarer Zerstörung zu eigenem Vorteil zu nutzen sucht. Die Versuche, atomare Abschreckung als Mittel der Kriegsverhinderung im Sinne einer ethischen Theorie zu rekonstruieren, scheitern an der realen Entwicklung nuklearer Abschreckungspolitik.

Die amerikanische Ausrichtung auf eine Kriegsführungs-Abschreckung erfordert ein beträchtliches Nukleararsenal, das unter rüstungskontrollpolitischen Stabilitätskriterien problematisch ist und keine Veränderungen zulässt, die Schritte auf dem Weg zu einer wirklichen nuklearen Abrüstung mit der Perspektive der Überwindung des Systems nuklearer Abschreckung eröffnen. Die Hinwendung zu einer Vergeltungs-Abschreckung würde vermutlich eine beträchtliche Reduzierung des Nuklearpotentials ermöglichen. Wenn nicht mehr die gegnerischen Nuklearstreitkräfte ausgeschaltet werden sollen, wenn „nur" Einrichtungen staatlicher Kontrolle und die wirtschaftlich-industrielle Basis die Ziele wären, wenn also die amerikanische Abschreckung einer Vergeltungslogik folgen und der Option des Ersteinsatzes im Nukleardispositiv sichtbar abgeschworen würde, wäre dies vermutlich der strategischen Stabilität, der Krisenstabilität und der Stabilität in der Rüstungskonkurrenz förderlich. Aber an den ethischen Problemen nuklearer Abschreckung würde dies nichts grundlegend ändern. Man kann allenfalls argumentieren, im Falle einer Vergeltungs-Abschreckung kämen weniger Waffen zum Einsatz und der Gesamtschaden wäre daher vielleicht geringer (vgl. Blair 2018).

4 Deutschland und die nukleare Abschreckung

Über die NATO und die nukleare Teilhabe ist Deutschland in das nukleare Abschreckungssystem eingebunden. Dazu heißt es im Koalitionsvertrag von 2018:

> „Solange Kernwaffen als Instrument der Abschreckung im Strategischen Konzept der NATO eine Rolle spielen, hat Deutschland ein Interesse daran, an den strategischen Diskussionen und Planungsprozessen teilzuhaben."

Zur nuklearen Teilhabe gehört bis dato die Fähigkeit zum Einsatz der in Deutschland (und weiteren vier NATO-Staaten) gelagerten amerikanischen Atombomben vom Typ B61, die nach amerikanischen Plänen von 2021 an durch ein modernisiertes, zielgenaueres und zur Ausschaltung gehärteter, das heißt stark geschützter verbunkerter Ziele geeignetes Modell ersetzt werden soll (vgl. Kristensen und Norris 2014). Sollte es jemals zu einem Einsatz der in Deutschland stationierten amerikanischen Bomben durch atomwaffenfähige Flugzeuge kommen, müsste der US-Präsident die Bomben freigeben und Deutschland dem Einsatz dieser Flugzeuge zustimmen.

Nicht recht erkennbar ist, welches über Status und Symbolik hinaus die Ziele sind, die Deutschland unter heutigen Bedingungen mit der nuklearen Mitsprache und Teilhabe verfolgt. Unter den Bedingungen des Ost-West-Konflikts gab es schon aufgrund der geografischen Lage Deutschlands als primärem Schlachtfeld genuin deutsche Interessen, die durchgesetzt werden sollten. Es ging insbesondere darum, die Planungen für den Einsatz taktischer Atomwaffen zu beeinflussen. Im Falle eines Krieges sollte der Schaden für die Bundesrepublik möglichst gering gehalten werden. So konnte die Bundesrepublik eine Einigung herbeiführen, dass die

NATO keine Atomminen oder Waffen mit einer Sprengkraft von mehr als 10 Kilotonnen auf dem Territorium von NATO-Staaten einsetzen würde. Auch drängte Deutschland darauf, dass möglichst frühzeitig „theater-nuclear weapons" eingesetzt werden sollten, Waffen mit einer über deutsches Gebiet hinausreichenden Reichweite (vgl. Buteux 1983, S. 120f.). Aus deutscher Sicht sollte so die „Ankopplung" an die strategischen Nuklearstreitkräfte der USA sichergestellt werden. Deutsches Abschreckungsdenken sah in Nuklearwaffen vor allem „politische Waffen", das heißt ihr erster Einsatz sollte eine politische Signalwirkung haben und so den Gegner von einem weiteren militärischen Vorgehen abbringen (vgl. Schulte 2012, S. 48).

Heute, so scheint es, dient die Rede von Nuklearwaffen als „politische Waffen" vor allem dazu, einer Diskussion über die nukleare Abschreckung auszuweichen – wie sich folgende Stellungnahme von Staatsminister Niels Annen (2018) interpretieren lässt:

> „Dabei hat das Nukleardispositiv der NATO eine zuallererst politische Rolle. Seine Kernaufgabe ist, Frieden zu erhalten, Zwang abzuwenden und Aggression abzuschrecken. Für die NATO ist der Einsatz von Nuklearwaffen ein extrem fernliegendes Szenario, seine Vermeidung Kerngedanke nuklearer Abschreckung."

In der politischen Diskussion werden die Probleme und Dilemmata nuklearer Abschreckung tendenziell im Vertrauen auf deren dauerhaft kriegsverhindernde Wirkung ausgeblendet. Doch dieses Vertrauen in die Stabilität des Abschreckungssystems, wie es sich in der Rede vom „nuklearen Frieden" äußert, beruht auf geradezu dogmatischen Annahmen. Nukleare Abschreckung ist ein Konstrukt, in dem Annahmen eine grundlegende Rolle spielen, denen es an einer empirischen Grundlage fehlt (vgl. Jervis 1989, S. 182f.). So wird eine zentrale Frage, nämlich die nach der Glaubwürdigkeit, seit Jahrzehnten unterschiedlich beantwortet: Manche meinen, die

Abschreckungsdrohung gegen einen nuklear gerüsteten Gegner wie Russland kann nur glaubhaft sein, wenn die USA über möglichst vielfältige abgestufte Optionen und Eskalationsdominanz verfügen. Andere glauben, in einer Situation wechselseitiger Verwundbarkeit wirke es abschreckend genug, dass eine militärische Konfrontation das Risiko einer schwer kontrollierbaren Eskalationsdynamik mit unkalkulierbaren Kosten in sich birgt (vgl. Jervis 1984).

Aus der ersten Sicht, prägend für die amerikanische Nukleardoktrin, bedarf es vielfältig einsetzbarer Optionen. Atomwaffen sind in diesem Verständnis Kriegsführungswaffen – und nicht, wie in der deutschen Diskussion zu vernehmen, „politische Abschreckungswaffen". Wer dem zweiten Verständnis von nuklearer Abschreckung zuneigt, begreift Abschreckung in erster Linie als „Wettstreit in der Risikobereitschaft" (der Begriff stammt von Thomas Schelling). Aus diesem Blickwinkel kommt es vor allem darauf an, mit konventionellen Kräften einen potenziellen Gegner an der schnellen militärischen Veränderung des Status quo zu hindern und mit dem Risiko zu konfrontieren, in einen Prozess mit potenziell katastrophalem Ausgang zu geraten. Die Glaubwürdigkeit erweiterter Abschreckung ruht in diesem Verständnis nicht auf der Vielfalt nuklearer Optionen, sondern auf der politischen Entschlossenheit, zur Verteidigung verbündeter Staaten Risiken einzugehen. Könnte die russische Führung, wenn sie denn überhaupt territorial-expansive Absichten gegen die baltischen Staaten hegte, sicher sein, dass ein daraus entstehender Krieg begrenzbar bliebe, auch wenn die USA oder die NATO keine neuen zielgenauen Atomwaffen relativ geringer Sprengkraft besäßen? Könnte Moskau erfolgreich darauf spekulieren, dass ein so bündnisskeptischer Präsident wie Donald Trump ungeachtet der Präsenz amerikanischer Soldatinnen und Soldaten in der Region am Ende das Risiko scheut, selbst wenn die USA und die NATO über neue nukleare Optionen verfügen sollten? Wir wissen es nicht. Atomare Abschreckung ist und bleibt in hohem Maße spekulativ.

Insofern lässt sich auch nur darüber spekulieren, wie glaubwürdig eine rein „europäische" Nuklearabschreckung wäre. Von französischer Seite sind wiederholt Äußerungen zu vernehmen, dass ein militärischer Angriff gegen einen Mitgliedsstaat der EU als Angriff auf die eigenen vitalen Interessen angesehen werde. Wenn etwa klargestellt würde, dass die wechselseitige Beistandsgarantie des Lissaboner Vertrages den Einsatz aller Mittel beinhaltet, auch nuklearer – warum sollte diese Abschreckungsdrohung weniger glaubwürdig sein als die amerikanische Bereitschaft, für die Verteidigung der baltischen Staaten notfalls die atomare Verwüstung der USA in Kauf zu nehmen? Nun mag man argumentieren, Frankreich verfüge nicht über die vielfältigen nuklearen Optionen der USA. Aber solange französische Nuklearwaffen einem Aggressor immensen Schaden zufügen können, wird sich dies auf seine Perzeptionen auswirken. Was am Ende für die Abschreckung ausreicht, ist schlichtweg keine wirklich zu beantwortende Frage (vgl. Tertrais 2018). Sicher ist nur: Welche Form der nuklearen Abschreckung man auch immer aus politischen Gründen favorisiert, in ethischer Hinsicht ändert dies nichts an dem Befund, dass nukleare Abschreckung ein höchst problematisches Konstrukt ist.

Literatur

Acton, James M. 2018. Technology, Doctrine, and the Risk of Nuclear War. In *Meeting the Challenges of the New Nuclear Age: Emerging Risks and Declining Norms in the Age of Technological Innovation and Changing Nuclear Doctrines*, hrsg. von Nina Tannenwald und James M. Acton, 32–35. Cambridge, MA: American Academy of Arts and Sciences.

Annen, Niels. 2018. Die Zukunft von Nuklearwaffen in einer Welt der Unordnung. Rede zur Einführung des Berliner Sicherheitsdialogs vom 17. Oktober 2018. https://www.auswaertiges-amt.de/de/newsroom/annen-berliner-sicherheitsdialog-nuklearwaffen/2150144. Zugegriffen: 3. Juni 2019.

Arbatov, Alexei 2018. Challenges of the New Nuclear Era: The Russian Perspective. In *Meeting the Challenges of the New Nuclear Age: U.S. and Russian Nuclear Concepts, Past and Present*, hrsg. von Linton Brooks, Francis J. Gavin und Alexei Arbatov, 21–46. Cambridge, MA: American Academy of Arts and Sciences.

Blair, Bruce G. 2014. Mad Fiction. *The Nonproliferation Review* 21 (2): 239–250.

Blair, Bruce G. (with Jessica Sleight and Emma Claire Foley). 2018. *The End of Nuclear Warfighting: Moving to a Deterrence-Only Posture. An Alternative U.S. Nuclear Posture Review*. Washington, DC: Princeton University.

Burr, William. 2017. U.S. Presidents and the Nuclear Taboo. https://nsarchive.gwu.edu/briefing-book/nuclear-vault/2017-11-30/us-presidents-nuclear-taboo. Zugegriffen: 31. Juli 2019.

Buteux, Paul. 1983. *The Politics of Nuclear Consultation in NATO 1965–1980*. Cambridge: Cambridge University Press.

CDU, CSU und SPD. 2018. *Ein neuer Aufbruch für Europa. Eine neue Dynamik für Deutschland. Ein neuer Zusammenhalt für unser Land. Koalitionsvertrag zwischen CDU, CSU und SPD. 19. Legislaturperiode*. Berlin.

Coady, Cecil A.J. 1989. Escaping from the Bomb: Immoral Deterrence and the Problem of Extrication. In *Nuclear Deterrence and Moral Restraint: Critical Choices for American Strategy*, hrsg. von Henry Shue, 163–225. Cambridge: Cambridge University Press.

Craig, Campbell und Sergey Radchenko. 2018. MAD, Not Marx: Khrushchev and the Nuclear Revolution. *Journal of Strategic Studies* 41 (1-2): 208–233.

Department of Defense. 2018. *Nuclear Posture Review*. Washington, DC.

Die deutschen Bischöfe. 1983. *Gerechtigkeit schafft Frieden*. Bonn: Sekretariat der Deutschen Bischofskonferenz.

Finnis, John, Joseph Boyle und Germain Grisez. 1987. *Nuclear Deterrence, Morality and Realism*. Oxford: Clarendon Press.

Gavin, Francis J. 2018. Beyond Deterrence: U.S. Nuclear Statecraft Since 1945. In *Meeting the Challenges of the New Nuclear Age: U.S. and Russian Nuclear Concepts, Past and Present*, hrsg. von Linton Brooks, Francis J. Gavin und Alexei Arbatov, 6–20. Cambridge, MA: American Academy of Arts and Sciences.

Global Zero Commission on Nuclear Risk Reduction. 2015. *De-Alerting and Stabilizing the World's Nuclear Force Postures*. https://www.globalzero.org/wp-content/uploads/2018/10/Global-Zero-Commission-on-Nuclear-Risk-Reduction-Full-Report.pdfhttps://www.globalzero.org/files/global_ zero_commission_on_nuclear_risk_reduction_report_0.pdf. Zugegriffen: 30. April 2018.

Heginbotham, Eric, Michael S. Chase, Jacob L. Heim, Bonny Lin, Mark R. Cozad, Lyle J. Morris, Christopher P. Twomey, Forrest E. Morgan, Michael Nixon, Christina L. Garafola und Samuel K. Berkowitz. 2017. *China's Evolving Nuclear Deterrent: Major Drivers and Issues for the United States*. Santa Monica, CA: RAND.

Jervis, Robert. 1984. *The Illogic of American Nuclear Strategy*. Ithaca, NY: Cornell University Press.

Jervis, Robert. 1989. *The Meaning of the Nuclear Revolution: Statecraft and the Prospect of Armageddon*. Ithaca, NY: Cornell University Press.

Johnston, Laurie. 2014. Nuclear Deterrence: When an Interim Ethic Reaches Its Expiration Date. https://politicaltheology.com/nuclear-deterrence-when-an-interim-ethic-reaches-its-expiration-date/. *Zugegriffen: 3. Juni 2019*.

Koblentz, Gregory D. 2014. *Strategic Stability in the Second Nuclear Age*. New York: Council on Foreign Relations.

Krepinevich, Andrew F., Jr. 2019. The Eroding Balance of Terror: The Decline of Deterrence. *Foreign Affairs* 98 (1): 62–74.

Kristensen, Hans M. und Robert S. Norris. 2014. The B61 Family of Nuclear Bombs. *Bulletin of the Atomic Scientists* 70 (3): 79–84.

Kristensen, Hans M. und Matt Korda. 2019. Chinese Nuclear Forces. 2019. *Bulletin of the Atomic Scientists* 75 (4): 171–178.

Lee, Steven P. 1993. *Morality, Prudence, and Nuclear Weapons*. Cambridge: Cambridge University Press.

Miller, James N. Jr. und Richard Fontaine 2017. *A New Era in U.S.-Russian Strategic Stability. How Changing Geopolitics and Emerging Technologies are Reshaping Pathways to Crisis and Conflict*. Cambridge, MA:

Harvard Kennedy School, Belfer Center for Science and International Affairs und Washington, D.C.: Center for a New American Security.

Narang, Vipin. 2014. *Nuclear Strategy in the Modern Era: Regional Powers and International Conflict*. Princeton: Princeton University Press.

NATO. 2018. *Brussels Summit Declaration. Issued by the Heads of State and Government Participating in the Meeting of the North Atlantic Council in Brussels, 11–12 July 2018*. Brüssel: NATO.

Nerlich, Uwe und Trutz Rendtorff. 1989. Die Zukunft der nuklearen Abschreckung. Einige Folgerungen für Theorie und Praxis. In *Nukleare Abschreckung – Politische und ethische Interpretationen einer neuen Realität*, hrsg. von Uwe Nerlich und Trutz Rendtorff, 851–864. Baden-Baden: Nomos.

Quinlan, Michael. 1989. Die Ethik der nuklearen Abschreckung. Eine Kritik des Hirtenbriefs der amerikanischen Bischöfe. In *Nukleare Abschreckung – Politische und ethische Interpretationen einer neuen Realität*, hrsg. von Uwe Nerlich und Trutz Rendtorff, 195–220. Baden-Baden: Nomos.

Rudolf, Peter. 2018a. *Amerikanische Geopolitik und nukleare Abschreckung in der Ära neuer Großmachtrivalitäten*. Berlin: Stiftung Wissenschaft und Politik.

Rudolf, Peter. 2018b. *Aporien atomarer Abschreckung. Zur US-Nukleardoktrin und ihren Problemen*. Berlin: Stiftung Wissenschaft und Politik.

Schulte, Paul. 2012. Tactical Nuclear Weapons in NATO and Beyond: A Historical and Thematic Examination. In *Tactical Nuclear Weapons and NATO*, hrsg. von Tom Nichols, Douglas Stuart und Jeffrey D. McCausland, 13–74. Carlisle Barracks, PA: U.S. Army War College.

Tannenwald, Nina. 2018. The Great Unraveling: The Future of the Nuclear Normative Order. In *Meeting the Challenges of the New Nuclear Age: Emerging Risks and Declining Norms in the Age of Technological Innovation and Changing Nuclear Doctrines*, hrsg. von Nina Tannenwald und James M. Acton, 6–31. Cambridge, MA: American Academy of Arts and Sciences.

Tertrais, Bruno. 2007. *A Comparison Between US, UK and French Nuclear Policies and Doctrines*. Paris: Sciences Po, Centre national de la recherche scientifique.

Tertrais, Bruno. 2018. *The European Dimension of Nuclear Deterrence: French and British Policies and Future Scenarios*. Helsinki: The Finnish Institute of International Affairs.

Waas, Lothar. 1989. Ethische Theorien und nukleare Abschreckungsstrategie: Möglichkeiten und Grenzen der moralischen Beurteilung. In: *Nukleare Abschreckung – Politische und ethische Interpretationen einer neuen Realität, hrsg. von* Uwe Nerlich und Trutz Rendtorff, 655–688. Baden-Baden: Nomos.

Neue Typen von Kernwaffen und ihren Trägern
Gefahren für die strategische Stabilität

Jürgen Altmann

1   Einleitung

Mit der Entwicklung von Kernwaffen, die Energie freisetzen, die zehntausend- bis millionenfach über der konventioneller Bomben liegt, wurde es möglich, eine Großstadt mit einer einzigen Bombe zu zerstören. Im Kalten Krieg wurden von den USA und der UdSSR große Arsenale aufgebaut, die durch Rüstungskontrollverträge ab 1972 begrenzt und ab 1987 sowie 1991 reduziert wurden. Heute ist Rüstungsbegrenzung extrem gefährdet. Neue, „kleine" Kernwaffen werden eingeführt; sie können im Kriegsfall die Eskalation zum Nuklearkrieg wahrscheinlicher machen. Zur Umgehung von Raketenabwehr werden Hyperschallflugkörper entwickelt, die zwar nicht schneller ankommen als bisherige Raketen, aber in der Atmosphäre ihre Flugbahn verändern können. Wie sind diese Tendenzen zu beurteilen?

Der Beitrag erläutert zunächst zentrale Grundeigenschaften von Kernwaffen und ihren Trägern (vgl. hierzu auch Altmann 2017). In einem zweiten Schritt gibt er die vorhandenen Arsenale an. Auf dieser Basis nimmt der Beitrag „kleine" Kernwaffen sowie neuartige Kernwaffenträger in den Blick und diskutiert die mit ihnen einhergehenden Eskalationsgefahren.

2 Grundlegendes zu Kernwaffen

Das Hauptmaß für die zerstörerische Wirkung von Kernwaffen ist ihre freigesetzte Energie. Sie wird üblicherweise in (Kilo- oder Mega-)Tonnen TNT-Äquivalent angegeben.[1] Dabei ist:

1 t TNT-Äquivalent = 4,2 Gigajoule = 1.200 Kilowattstunden.

Die Hiroshima- und Nagasaki-Bomben hatten Sprengenergien um 13 beziehungsweise 22 Kilotonnen TNT-Äquivalent; sie führten zu etwa 140.000 beziehungsweise 70.000 Toten innerhalb der ersten fünf Monate durch die drei Hauptwirkungen: Hitzestrahlung, Überdruckwelle und radioaktive Strahlung (vgl. Committee 1981, S. 30, 113f.). Zum Vergleich: Die größte konventionelle Bombe der USA setzt bei 10 Tonnen Masse 11 Tonnen TNT-Äquivalent frei (vgl. Collins 2017).

Es gibt zwei Grundprinzipien von Kernexplosionen, Kernbindungsenergie freizusetzen:

1. Schwere Atomkerne werden durch Neutroneneinfang gespalten. Dazu muss das seltene Uran-Isotop Uran-235 (im Atomkern 92 Protonen und 143 Neutronen) in aufwändigen Anlagen angereichert beziehungsweise das nicht natürlich vorkommende Isotop Plutonium-239 (94 Protonen und 145 Neutronen) aus dem häufigeren Uran-238 durch Neutroneneinfang erbrütet

---

[1] 1 Kilotonne = 1.000 Tonnen; 1 Megatonne = 1.000.000 Tonnen (in den gängigen Abkürzungen: 1 kt = 1.000 t, 1 Mt = 1.000 kt).

werden, was dann die chemische Abtrennung in Wiederaufarbeitungsanlagen erfordert. Jede Spaltung erzeugt zwei bis drei neue Neutronen, was eine Kettenreaktion erlaubt, wenn die sogenannte kritische Masse überschritten ist. Die Kettenreaktion wächst exponentiell an, bis sich das Spaltmaterial nach weniger als einer Mikrosekunde so weit ausgedehnt hat, dass die Neutronen kaum noch Spaltkerne treffen. Bei Spaltbomben beträgt die Energie maximal einige hundert Kilotonnen TNT-Äquivalent.
2. Leichte Atomkerne wie schwerer und überschwerer Wasserstoff (Deuterium, 1 Proton und 1 Neutron beziehungsweise Tritium, 1 Proton und 2 Neutronen) werden verschmolzen. Das braucht keine Neutronen, aber sehr hohe Temperaturen (etwa 10 Millionen Grad Celsius): Die positiv geladenen Kerne müssen über sehr hohe Geschwindigkeiten verfügen, damit sie sich trotz der elektrischen Abstoßung genügend nahe kommen, dass die Kernbindungskräfte wirken können. Für diese Temperatur ist eine Kernspaltexplosion als erste Stufe nötig. Bei Fusionsbomben gibt es keine obere Grenze der Energiefreisetzung – stationierte Waffen hatten einige Megatonnen TNT-Äquivalent.

Im Zuge der Effektivierung der Wirkung auf Flächenziele (Großstädte), der verbesserten Zielgenauigkeit bei Punktzielen (vor allem gegnerische Raketensilos) und der Umstellung auf Mehrfachgefechtsköpfe auf Raketen wurden die Sprengenergien strategischer Waffen auf einige hundert Kilotonnen TNT-Äquivalent umgestellt. Für größere Flexibilität im Einsatz wurden aber auch Waffen mit niedrigerer Energie entwickelt und stationiert, die einige bis zu einigen zehn Kilotonnen TNT-Äquivalent freisetzen und etwa als taktische Atomwaffen mit Kanonen verschossen werden können – also im Bereich der Bomben von Hiroshima und Nagasaki. Als Sonderform hatten die USA Gefechtsfeldwaffen mit (für Kernwaffen) sehr niedrigen Energien weit unter einer Kilotonne

TNT-Äquivalent stationiert (zum Beispiel *Special Atomic Demolition Munition* mit einer Energie von 0,01-1 Kilotonne TNT-Äquivalent und einer Masse um 70 kg, vgl. Cochran et al. 1984, S. 60).

Eine andere Sonderform war die sogenannte Neutronenbombe, eine Kernfusionsbombe mit verstärkter Neutronenstrahlung, relativ dazu reduzierter Druckwelle und weniger radioaktiven Spaltprodukten. Diese sollte vor allem Menschen töten, würde aber immer noch Energie im Kilotonnenbereich freisetzen. Neutronenbomben wurden in den 1990er und 2000er Jahren abgeschafft.

3 Kernwaffenträger

Die ersten Kernwaffenträger waren *Bomberflugzeuge*. Schwere Bomber brauchen für strategische Reichweiten von einigen tausend Kilometern (wie zwischen den USA und Russland) Flugzeiten von vielen Stunden, Bomber für taktische Kernwaffen entsprechend weniger (einige hundert bis 2.500 Kilometer in einer halben bis 4 Stunden). Bomber können durch Flugabwehr bekämpft und, wenn sie noch am Boden sind, leicht durch Kernexplosionen zerstört werden. Damit sie nicht in feindliches Gebiet eindringen müssen, wurden sie ab den 1980er Jahren zusätzlich mit *Marschflugkörpern* ausgerüstet. Das sind unbemannte Kleinflugzeuge mit je einem Nuklearsprengkopf und programmiertem Ziel in einer Entfernung bis zu 2.500 Kilometern; sie können auch von Land oder See gestartet werden. In den 1950er und 1960er Jahren kamen zu den Bombern ballistische Raketen auf Land dazu. Sie haben über interkontinentale Entfernungen (5.500 bis 12.000 km) Flugdauern von 25 bis 35 Minuten, können nicht effektiv abgewehrt werden und sind durch schwere Silos vor Kernexplosionen (außer in der unmittelbaren Nähe) geschützt. Das dritte Element der sogenannten strategischen Triade sind *U-Boot-gestützte Raketen* (ab den 1960ern), deren Flugzeit aus vorgeschobenen Positionen 10 Minuten betragen kann. Die Sicherheit vor Zerstörung liegt hier in ihrer Bewegung mit unbekanntem Ort.

Unterschieden werden strategische und taktische Kernwaffen: *Strategische Waffen* sind solche, die die militärische oder politische Führung eines Gegners, seine Nuklearwaffen oder Bevölkerungszentren treffen sollen. Zwischen den USA und der UdSSR beziehungsweise Russland konnten sie über die Reichweite (größer als 5.500 km) definiert werden; bei Ländern mit geringerem Abstand müssen aber auch Träger kürzerer Reichweiten als strategische gezählt werden. Je nach Ziel und Zielgenauigkeit haben sie Sprengenergien von einigen zehn Kilotonnen bis zu einigen Megatonnen TNT-Äquivalent.

Taktische Kernwaffen sind dagegen für den Einsatz auf dem Gefechtsfeld, gegen die Streitkräfte des Gegners, vorgesehen. Sie können durch Artillerie, Kurzstreckenraketen und Flugzeuge ins Ziel gebracht werden; im Kalten Krieg gab es auch Waffen, die durch Jeeps oder zu Fuß zum Ziel transportiert werden sollten. Die Sprengenergien taktischer Kernwaffen betragen meist zwischen einigen Kilotonnen und einigen zehn Kilotonnen TNT-Äquivalent. Sie werden oft als „kleine" Waffen bezeichnet, ihre Energien liegen aber in der Größenordnung der Bomben von Hiroshima und Nagasaki, mit den entsprechenden Folgen je nach der Bevölkerungszahl in der Nähe.

4 Kernwaffenarsenale

Die Tabelle 1 zeigt die Bestände an aktiven Kernwaffen in den Kernwaffenstaaten mit den jeweiligen Sprengenergien (Angabe in Klammern) auf. Man sieht, dass die großen Nuklearwaffenstaaten USA und Russland über ein breites Spektrum verfügen, von

Tab. 1 Bestände an aktiven Kernwaffen (Sprengkörper) in den Kernwaffenstaaten: Anzahl, Typ und Sprengenergie

Land	Bomben/Marschflugkörper	Ballistische (Interkontinental-)Raketen	U-Boot-gestützte ballistische Raketen	Nicht strategische Kernwaffen
USA	luftgestützte Marschflugkörper: 528 des Typs W80-1 (5-150 kt) 322 Bomben der Typen: B61-7 (10-360 kt), B61-11 (400 kt) und B83-1 (niedrig bis 1.200 kt)	600 des Typs W78 (335 kt) 200 des Typs W87 (300 kt)	46 des Typs W76 (100 kt) 1.490 des Typs W76-1 (90 kt) ? des Typs W76-2 (geschätzt 5-7 kt) 483 des Typs W88 (455 kt)	Land, Flugzeuge (einschließlich der in Europa für NATO-Einsätze stationierten Bomben): 230 Bomben der Typen: B61-3 (0,3-170 kt) und B61-4 (0,3-50 kt)
Russland	luftgestützte Marschflugkörper/Bomber: 630 des Typs AS-15A (k. A.) luftgestützte Marschflugkörper: 156 des Typs AS-15B (k. A.) Hyperschallmarschflugkörper: ? des Typs Kinzhal (k. A.)	460 (500/800 kt) 120 (400 kt) 141 (800 kt) 444 (100 kt?) Hyperschallgleitflugkörper: ? Avangard (150-1.000 kt)	48 (50 kt) 672 (100 kt)	Raketenabwehr, Luftabwehr, Küstenverteidigung: ca. 290 (niedrig) 68 (10 kt) 350 (4 kt) 24 (10 kt?) Land, Flugzeuge: ca. 530 (k. A.) Land, Flugkörper: 87 (10-100 kt) See, U-Boote/Oberfläche: 820 (k. A.)

China	ca. 20 (k. A.)	(einschließlich Mittelstreckenraketen): ca. 10 (3.300 kt) ca. 10 (4.000-5.000 kt) ca. 170 (200-300 kt)	48 (200-300 kt)	-
Frankreich	Land: 40 des Typs *TNA* (bis 300 kt) Flugzeugträger: 10 des Typs *TNA* (bis 300 kt)	-	160 des Typs *TN75* (100 kt) 80 des Typs *TNO* (100 kt)	-
Großbritannien	-	-	225->160 des Typs W76-1 (90 kt)	-
Indien	ca. 48 (k. A.)	ca. 24 (12 kt) ca. 40 (40 kt)	ca. 12 (12 kt) ca. 4 (12 kt) Schiff	-
Pakistan	ca. 36 (k. A.) landgestützte Marschflugkörper: ca. 12 (5-12 kt)	ca. 42 (5-12 kt) ca. 36 (10-40 kt)	-	Land (Flugkörper 60-70 km): ca. 24 (5-12 kt)
Israel	gesamt ca. 80 für Raketen und Flugzeuge, evtl. auch U-Boot-gestützte Marschflugkörper			
Nordkorea	vermutlich noch keine stationierten Atomwaffen, aber eine Reihe funktionsfähiger Raketentypen aller Reichweiten und 10-20 Gefechtsköpfe			

Quelle. Eigene Darstellung auf der Basis der Daten von Kristensen und Norris (2014a-b, 2018a-b), Kristensen et al. (2018), Kristensen und Korda (2018, 2019a-c), Nuclear Weapon Archive (2007), Putin 2018 sowie TASS (2018); Angaben der Sprengenergie (in Klammern) in Kilotonnen TNT-Äquivalent (kt), bei manchen Typen einstellbar.

Energien unter einer Kilotonne bis zu mehreren Megatonnen TNT-Äquivalent. Bei einer Reihe von Waffen kann die Energie eingestellt werden. Die Tabelle zeigt eine Momentaufnahme, weitere Typen sind in der Entwicklung. Insbesondere Indien und Pakistan bemühen sich, ihre Waffen- und Trägerarten auszuweiten.

Eine Begrenzung nuklearer Rüstung gab es nur zwischen den USA und der UdSSR beziehungsweise Russland; die anderen Nuklearmächte – mit erheblich kleineren Waffenzahlen – sind bisher nicht Mitglieder solcher Verträge. Nach der 2019 erfolgten Kündigung des INF-Vertrages, der für die USA und Russland die nuklearen, landgestützten Mittelstreckenwaffen abschaffte, sind nur noch deren strategische Waffen begrenzt. Der New START-Vertrag gilt bis 2021 und kann um fünf Jahre verlängert werden.

5 Strategische Stabilität – oder Instabilität?

Die militärische Lage zwischen potenziellen Kriegsgegnern wird unter anderem dadurch beeinflusst, wer welche Vor- und Nachteile zu erwarten hat, sollte es zum Krieg kommen. Auf allgemeiner Ebene liegt strategische Stabilität dann vor, wenn keine Seite von einem Angriff entscheidende Vorteile erwarten kann (und die Entscheidungsträgerinnen und -träger rational handeln). Im engeren Sinne – in Bezug auf Wettrüsten – spricht man von Stabilität, wenn es keine starken Motive gibt, quantitativ oder qualitativ schnell aufzurüsten. Viel kurzfristiger stellt sich die Stabilitätsfrage in einer schweren Krise: Diese ist von Instabilität geprägt, wenn ein Abwarten auf den gegnerischen Angriff bedeuten würde, dass man erhebliche Nachteile erleidet; dann gibt es starke Motive, selbst präemptiv anzugreifen (vgl. U.S. Congress 1985, S. 119, 128). In Bezug auf Nuklearwaffen ist solange Zurückhaltung zu erwarten, wie die Zweitschlagsfähigkeit gesichert erscheint. Aber auch das

Motiv, den zweiten Schlag deutlich zu vermindern, kann zu einem präemptiven Angriff auf die Nuklearwaffen und Kommandosysteme des Gegners führen. Das Bestreben, die gegnerischen Systeme in einem Erstschlag deutlich zu reduzieren – beziehungsweise umgekehrt eine solche Situation zu vermeiden – ist eine Erklärung für den qualitativen Rüstungswettlauf, nicht nur bei Kernwaffen.

Gefährlich ist vor allem das militärische Streben danach, einen Atomkrieg führen und gewinnen zu können, was zum Teil aus dem generellen Auftrag an die Streitkräfte folgt, aber durch das politische Motiv der Überlegenheit noch verstärkt wird (vgl. den Beitrag von Peter Rudolf in diesem Band). Dabei spielen technische Entwicklungen und Erwartungen an sie eine große Rolle. Besonders problematische Bereiche stellen gegenwärtig die Cyberrüstung (einschließlich des Hackens von Kernwaffen), zielgenaue konventionelle Waffen mit hoher Reichweite, autonome Waffensysteme und Weltraumwaffen dar (vgl. Futter 2018; Altmann 2019a, 2019b; Johnson-Freese und Burbach 2019).

6 Neue kleinere Kernwaffen

Die von US-Präsident Donald Trump 2017 in Auftrag gegebene *Nuclear Posture Review* von 2018 bestimmt, dass die vorhandenen Kernwaffen und Träger beibehalten und modernisiert werden sollen (vgl. US Department of Defense 2018). Die *Nuclear Posture Review* betont die Vielfalt der russischen nicht-strategischen Kernwaffen. Russland habe die Absicht, einen Krieg durch Drohung mit und Einsatz von Kernwaffen zu für Russland günstigen Bedingungen beenden zu können. Dem müssen die USA entgegentreten, indem sie das, was der russischen Führung am wichtigsten ist, bedrohen. Auch China müsse deutlich gemacht werden, dass ein begrenzter Einsatz seiner taktischen Nuklearwaffen keinen Vorteil bringe, sondern unerträglichen Schaden nach sich ziehen würde. Gegen potenzielle nicht-nukleare oder nukleare Aggressionen werde der Bereich abgestufter nuklearer Reaktion erweitert.

Für flexiblere Abschreckungsoptionen empfiehlt die *Nuclear Posture Review* bei Nukleargefechtsköpfen zwei Veränderungen: Kurzfristig soll ein Gefechtskopf mit niedriger Sprengenergie auf U-Boot-Raketen montiert werden und dort Gefechtsköpfe mit hoher Sprengenergie ersetzen. Dazu könnte beim W-76-Gefechtskopf die zweite (Fusionsenergie-)Stufe durch einen Platzhalter ersetzt werden, was die Energie von 100 auf zum Beispiel fünf Kilotonnen TNT-Äquivalent verringern würde; die Produktion des W76-2 (vgl. Tabelle 1) hat 2019 begonnen (vgl. Borger 2019).

Nachdem die USA nukleare Marschflugkörper auf See nach 2010 abgeschafft haben – konventionell bestückte wurden in den Nah- und Mittelostkriegen von U-Booten und Oberflächenschiffen aus in großen Stückzahlen eingesetzt –, soll nun mittelfristig ein neuer Typ entwickelt und stationiert werden. Über dessen Sprengkopf ist noch nichts bekannt. Perspektivisch ist für den strategischen Einsatz ein moderner Marschflugkörper in Planung, der sowohl luft- als auch seegestützt sein soll. Hier soll der schon vorhandene Gefechtskopf W-80 mit zwischen fünf und 150 Kilotonnen TNT-Äquivalent wählbarer Sprengenergie (vgl. Tabelle 1) mit verlängerter Nutzungsdauer verwendet werden.

Die aktuell vorgesehenen Veränderungen an den US-Gefechtsköpfen geschehen auf der Basis eines vollen Verständnisses der Vorgänge bei der Zündung (das durch etwa 1.000 Nukleartests von 1945 bis 1992 sowie Modellrechnungen auf den weltschnellsten Computern erarbeitet wurde, vgl. CTBTO 2019a); sie können ohne neue Testexplosionen eingeführt werden. Grundsätzlich neue Sprengkopf-Konstruktionen müssten dagegen vor einer Auslieferung an die Streitkräfte getestet werden, was durch den Umfassenden Atomteststoppvertrag (*Comprehensive Nuclear-Test-Ban Treaty*) verboten ist, den die USA und China unterzeichnet, aber noch nicht ratifiziert haben.[2] Solche Weiterentwicklungen zu verhindern, ist eines der Ziele des Vertrags. Intensivere Diskussionen über die Notwendigkeit neuartiger Gefechtsköpfe könnten perspektivisch aber zu seiner Erosion führen (vgl. Gronlund 2019).

Wie in der Tabelle 1 deutlich wird, verfügen die USA schon bisher über eine Vielzahl von Kernwaffen mit „kleinen", zum Teil variabel einstellbaren Sprengenergien, auf verschiedenen Trägern. Ein oder zwei zusätzliche Typen mit niedrigerer Sprengenergie ändern nichts Grundsätzliches. Allerdings kann die Montage eines „kleinen" Gefechtskopfes auf einer strategischen U-Boot-Rakete die Bereitschaft zum Einsatz erhöhen. Da man dem Raketenstart und anfliegenden Gefechtskopf nicht ansehen kann, welche Sprengenergie er im Ziel freisetzen wird, könnte ein taktisch gemeinter Einsatz als Beginn eines strategischen Angriffs aufgefasst werden und zu nuklearen Gegenschlägen führen, die auch gegen das Zentrum gerichtet sein können. Das wäre genau der Mechanismus, den umgekehrt die USA Russland und China androhen. Von daher ist die Verkleinerung strategischer Gefechtsköpfe ein gefährlicher Schritt, der einen Nuklearkrieg wahrscheinlicher macht (vgl. auch Doyle 2017). Einen Monat nach Erscheinen der *Nuclear Posture Review* hat der russische Präsident Wladimir Putin unter Bezug auf diese seine Besorgnis über die Senkung der Kernwaffenschwelle geäußert und erklärt, jeder Kernwaffeneinsatz gegen Russland

---

2   Russland hat ihn ratifiziert. Der Vertrag ist noch nicht in Kraft, weil acht der geforderten 44 Ratifikationen noch ausstehen. (Ägypten, China, Indien, Iran, Israel, Nordkorea, Pakistan, die USA; Indien, Nordkorea und Pakistan haben den Vertrag gar nicht erst unterzeichnet und nach Vertragsbeginn 1996 Nukleartests durchgeführt.) Der Vertrag wird aber von Anfang an bei der globalen Überwachung umgesetzt, und die Vor-Ort-Inspektionen werden durch Feldübungen vorbereitet (vgl. CTBTO 2019b).

oder seine Verbündeten, unabhängig von der Reichweite, werde als ein Nuklearangriff gegen Russland angesehen, mit sofortiger Vergeltung (vgl. Putin 2018).

Bei einem Einsatz „kleiner" Kernwaffen ginge es nicht um eine einzelne Explosion; wenn mehrere „zeitkritische Ziele" bekämpft werden sollen, würden entsprechend viele Nuklearsprengkörper eingesetzt. Die würden im Verbund mit vielen anderen Kampfmitteln verwendet, insbesondere zukünftig auch mit autonomen Waffensystemen, Weltraumwaffen und Cyberangriffen. Das würde die Reaktionszeiten massiv verkürzen und den Druck zum schnellen (präemptiven) Angriff in einer Krise stark erhöhen.

Bemerkenswert ist, dass sich bei der Entwicklung von Nuklearstrategien und -waffenarten auf niedrigerer Ebene – zwischen Indien und Pakistan – dieselben Probleme und Paradoxien zeigen (vgl. Kristensen und Korda 2018; Kristensen et al. 2018). Insbesondere gibt es – auch in den USA – die Befürchtung, die Einführung von Kurzstreckenraketen in Pakistan könne dort die Nuklearschwelle senken und einen terroristischen Zugriff erleichtern. Ein Unterschied zum Verhältnis USA – Russland – China ist, dass Indien sich im Dreieck eher auf China ausrichtet, während Pakistan vor allem Indien abschrecken will.

7 Neuartige Kernwaffenträger

Nach der Antriebsphase der ballistischen Raketen fliegen deren (Nuklear-)Gefechtsköpfe auf einer bestimmbaren, elliptischen Bahn durch den Weltraum; sie werden durch die Triebwerke hochgeworfen und fallen unter dem Einfluss der Schwerkraft wieder zurück in die Atmosphäre. Außerhalb derer können sie ihre Bahn nicht wie Flugzeuge durch Steuerklappen ändern; Schubtriebwerke haben sie nicht mehr. Unter anderem zum Erschweren der Raketenabwehr

Neue Typen von Kernwaffen und ihren Trägern

werden Hyperschallgleitflugkörper mit Tragflächen entwickelt, erprobt und stationiert, die zunächst mit einer Rakete auf eine ballistische Bahn (niedriger als für bisherige Gefechtsköpfe) gebracht werden (vgl. Acton 2015). Beim Wiedereintritt in die Atmosphäre werden sie durch den Luftwiderstand abgebremst und schwenken dann in eine etwa waagerechte Bahn ein, auf der sie durch den Luftauftrieb noch einige bis viele tausend Kilometer weiter gleiten, in einer Höhe, die von etwa 100 auf etwa 30 Kilometer fällt. Die zusätzlich zurückgelegte Entfernung kann größer sein als die des ballistischen Bahnteils außerhalb der Atmosphäre. Alternativ kann die Rakete innerhalb der (oberen) Atmosphäre verbleiben und den Flugkörper noch darin absetzen. Hyperschallgleitflugkörper können dann durch Steuerklappen die Bahn in alle Richtungen ändern, so dass diese nicht mehr vorherberechnet kann und Ziele aus unerwarteten Richtungen angeflogen oder Abwehrstellungen umflogen werden können. Als typische Geschwindigkeit wird Mach 20 (20 * ca. 340 m/s = ca. 6,8 km/s = 24.000 km/h) angegeben, wie bei Interkontinentalraketen, deren Gefechtsköpfe bisher beim Wiedereintritt die Flugrichtung nicht aktiv verändern.

Hyperschallmarschflugkörper dagegen verlassen die Atmosphäre nicht. Sie erreichen durch ihren Antrieb – vom sogenannten Scramjet-Typ – eine Geschwindigkeit von Mach 5 (1,7 km/s = 6.100 km/h) oder höher. Sie benötigen eine gewisse Höhe und Geschwindigkeit, was zum Beispiel durch den Start von einem Flugzeug aus erreicht werden kann. Sie können ihre Flugbahn mittels Klappen über die gesamte Dauer steuern. Verglichen mit herkömmlichen (mit Unterschallgeschwindigkeit fliegenden) Marschflugkörpern sind sie fünf- bis zehnmal schneller und haben eine entsprechend geringere Flugzeit bis zum Ziel. Sie sind zwei- bis fünfmal so schnell wie bisherige Überschall-Kampfflugzeuge mit bis zu Mach 2.

Hyperschallflugkörper sind von den USA ab 2003 für den sogenannten *Conventional Prompt Global Strike* entwickelt worden, gegen Terroristenhochburgen oder auch gegen strategische Ziele tief im gegnerischen Land. Nach zwei Testflügen 2010 und 2011 wurden die Programme eingestellt (vgl. Acton 2013, 2015). Da Hyperschallflugkörper neue Möglichkeiten für Überraschungsangriffe bieten würden und auch mit Kernwaffen bestückt werden könnten, riefen die US-Pläne in Russland sowie in China Ängste hervor, beide Staaten haben daraufhin eigene Hyperschallflugkörper entwickelt. Russland hatte seine Forschung zur Überwindung der Raketenabwehr als Reaktion auf das Raketenabwehrprojekt *Strategic Defense Initiative* (SDI) der USA schon in den 1980er Jahren verstärkt und dann, nach der Kündigung des Vertrags zur Begrenzung der Raketenabwehrsysteme (ABM-Vertrag) 2001/02 durch die USA, intensiviert. 2018 gab Präsident Putin die Stationierung mehrerer neuer strategischer Waffen bekannt, darunter Kinzhal, ein flugzeuggestützter Hyperschallmarschflugkörper mit Geschwindigkeit Mach 10 und über 2.000 km Reichweite, sowie Avangard, ein Hyperschallgleitflugkörper auf einer strategischen Interkontinentalrakete. Beide können konventionell oder nuklear bestückt werden (vgl. Putin 2018, TASS 2018). Gegenwärtig können die USA Hyperschallflugkörper durch deren nicht vorhersagbare Bahn nicht abwehren, Bemühungen dafür sowie für eigene solche Flugkörper wurden ausgeweitet (vgl. Macias 2018).

Schon die Abwehr herkömmlicher ballistischer Raketen ist nicht sehr aussichtsreich, aber die Seite, die ihren Zweitschlag sicherstellen möchte, nachdem ein Erstschlag schon Teile des eigenen Nukleararsenals zerstört haben könnte, hat eine Tendenz, die gegnerischen Abwehrfähigkeiten höher einzuschätzen und dagegen die eigenen Waffen auszubauen. Diese Asymmetrie und die daraus resultierende Instabilität in Bezug auf Wettrüsten waren der Grund für die Begrenzung der Raketenabwehr mit dem ABM-Vertrag von 1972. 18 Jahre nach dessen Kündigung zeigt sich der Mechanismus in Putins Argumenten für Hyperschallflugkörper, und der Aufbau weiterer in den USA und China wird die gegenseitige Bedrohung verstärken; mit niedriger Flugbahn und Manövrierfähigkeit werden sich die Warnzeiten verringern. Um noch reagieren zu können, könnten die Staaten geneigt sein, ihre Nuklearkräfte in einen höheren Alarmstatus zu versetzen und sie gegebenenfalls schon bei einer Angriffswarnung starten. In einer ernsten Krise könnten dann Missverständnisse oder Computerfehler den Nuklearkrieg aus Versehen auslösen (vgl. Speier et al. 2017).

Der Vorschlag zu einem Testverbot für Hyperschallflugkörper (vgl. Gubrud 2014) ist inzwischen leider überholt, da schon die ersten Typen stationiert sind. Vorschläge, die in weniger als zehn Jahren zu erwartende Weiterverbreitung über die USA, Russland und China hinaus durch Exportkontrolle zu behindern (vgl. Speier et al. 2017), sind nützlich, würden den Prozess aber nur bremsen und das Grundproblem zwischen den drei Nuklearhauptmächten nicht lösen. Nötig ist vielmehr, die neuartigen Hyperschallflugkörper vereinbart und überprüft wieder abzuschaffen. Dazu muss die Raketenabwehr wieder massiv begrenzt werden. Die nukleare Bedrohung kann durch eine drastische Verringerung der Kernwaffen eher verringert werden als durch den Aufbau neuartiger Waffen mit immer kürzeren Vorwarnzeiten.

8 Fazit

Die großen Kernwaffenstaaten verfügen über ein breites Spektrum bei den Sprengenergien von Kernwaffen sowie bei den Trägern und ihrer Reichweite. Qualitativ neue Kernwaffen werden durch den Kernwaffenteststopp bisher wirksam verhindert. Mit dem Streben nach kleineren Waffen besteht jedoch die Gefahr, dass die Schwelle zum Einsatz sinkt. Neuartige Kernwaffenträger erhöhen die jeweilige Bedrohung und können die militärische Lage destabilisieren. Solche qualitative nukleare Aufrüstung kann auch zu quantitativer führen.

Hier zeigen sich wieder einmal die Paradoxien nuklearer Abschreckung. Für die glaubhafte Androhung nuklearer Vergeltung ist die Vorbereitung auf massive Angriffe gegen die Zentren nötig. Damit man aber die dann zu erwartende Gegenvergeltung nicht auslöst, strebt man nach flexibleren Einsatzoptionen unterhalb dieser Schwelle. Da aber die Reaktion auf zunächst „kleine" Nuklearwaffen nicht sicher beschränkt bleibt, kann die Eskalation zum großen Atomkrieg nicht ausgeschlossen werden (vgl. hierzu auch Rudolf 2018 und seinen Beitrag in diesem Band).

Insgesamt ist die Einsicht nötig, dass ein Atomkrieg nicht gewonnen werden kann und nicht geführt werden darf – wie sie 1985 in Genf US-Präsident Ronald Reagan und UdSSR-Präsident Michael Gorbatschow formuliert haben (vgl. UN-Dok. A/40/1070 vom 17. Dezember 1985). Dementsprechend sollten Kernwaffen reduziert und nicht neuartige stationiert werden. Insbesondere ist es nötig, die nukleare Rüstungskontrolle zu retten und mindestens China einzubeziehen. Eine langfristige Sicherung des Weltfriedens erfordert, dass sich die Nuklearwaffenstaaten dem Nuklearwaffenverbotsvertrag von 2017 anschließen. Die Länder, in denen Kernwaffen anderer Staaten stationiert sind, darunter auch Deutschland, sollten den Prozess dahin fördern.

Literatur

Acton, James M. 2013. *Silver Bullet? Asking the Right Questions About Conventional Prompt Global Strike*. Washington, D.C.: Carnegie Endowment for International Peace.

Acton, James M. 2015. Hypersonic Boost-Glide Weapons. *Science & Global Security* 23 (3): 191–219.

Altmann, Jürgen. 2017. Physik. In *Naturwissenschaft – Rüstung – Frieden – Basiswissen für die Friedensforschung*, hrsg. von Jürgen Altmann, Ute Bernhardt, Kathryn Nixdorff, Ingo Ruhmann und Dieter Wöhrle, 9–128. 2. Aufl. Wiesbaden: Springer VS.

Altmann, Jürgen. 2019a. Autonome Waffensysteme – der nächste Schritt im qualitativen Rüstungswettlauf? In *Unbemannte Waffensysteme und ihre ethische Legitimierung*, hrsg. von Ines-Jaqueline Werkner und Marco Hofheinz, 111–136. Wiesbaden: Springer VS.

Altmann, Jürgen. 2019b. Der Cyber-Rüstungswettlauf – Gefahren und mögliche Begrenzungen. In *Cyberwar – die Digitalisierung der Kriegsführung*, hrsg. von Ines-Jaqueline Werkner und Niklas Schörnig, 87–103. Wiesbaden: Springer VS.

Borger, Julian. 2019. US Nuclear Weapons: First Low-Yield Warheads Roll off the Production Line. https://www.theguardian.com/world/2019/jan/28/us-nuclear-weapons-first-low-yield-warheads-roll-off-the-production-line. Zugegriffen 31. März 2019.

Cochran, Thomas B., William M. Arkin und Milton M. Hoenig. 1984. *Nuclear Weapons Databook. Vol. I: U.S. Nuclear Forces and Capabilities*. Cambridge MA: Ballinger.

Collins, Shannon. 2017. What to Know About the GBU-43/B, "Mother of All Bombs". http://www.dodlive.mil/2017/04/14/what-to-know-about-the-gbu-43b-mother-of-all-bombs/. Zugegriffen 23. Juli 2019.

Committee for the Compilation of Materials on Damage Caused by the Atomic Bombs in Hiroshima and Nagasaki. 1981. *Hiroshima and Nagasaki – The Physical, Medical and Social Effects of the Atomic Bombs*. New York: Basic.

Comprehensive Test-Ban Treaty Organization (CTBTO). 2019a. Nuclear Testing, World Overview. https://www.ctbto.org/nuclear-testing/history-of-nuclear-testing/world-overview/. Zugegriffen 23. Juli 2019.

Comprehensive Test-Ban Treaty Organization (CTBTO). 2019b. Status of Signature and Ratification. https://www.ctbto.org/the-treaty/status-of-signature-and-ratification/. Zugegriffen 23. Juli 2019.

Doyle, James E. 2017. Mini-Nukes: Still a Bad Choice for the United States. https://thebulletin.org/2017/04/mini-nukes-still-a-bad-choice-for-the-united-states/. Zugegriffen 17. Mai 2019.

Johnson-Freese, Joan und David Burbach. 2019. The Outer Space Treaty and the Weaponization of Space. *Bulletin of the Atomic Scientists* 75 (4): 137–141.

Futter, Andrew. 2018. *Hacking the Bomb: Cyber Threats and Nuclear Weapons*. Washington, D.C.: Georgetown University Press.

Gronlund, Lisbeth. 2019. US Plans for New Nuclear Warheads. https://www.ucsusa.org/nuclear-weapons/summer-symposium/security-webinars-lectures.html#lg. Zugegriffen 20. Mai 2019.

Gubrud, Mark. 2014. The Argument for a Hypersonic Missile Testing Ban. http://thebulletin.org/argument-hypersonic-missile-testing-ban7412. Zugegriffen 6. Februar 2019.

Kristensen, Hans M. und Matt Korda. 2018. Indian Nuclear Forces. *Bulletin of the Atomic Scientists* 74 (6): 361–366.

Kristensen, Hans M. und Matt Korda. 2019a. United States Nuclear Forces. *Bulletin of the Atomic Scientists* 75 (3): 122–134.

Kristensen, Hans M. und Matt Korda. 2019b. Russian 'Nuclear Forces. *Bulletin of the Atomic Scientists* 75 (2): 73–84.

Kristensen, Hans M. und Matt Korda. 2019c. French Nuclear Forces. *Bulletin of the Atomic Scientists* 75 (1): 51–55.

Kristensen, Hans M. und Robert S. Norris. 2014a. The B61 Family of Nuclear Bombs. *Bulletin of the Atomic Scientists* 70 (3): 79–84.

Kristensen, Hans M. und Robert S. Norris. 2014b. Israeli Nuclear Weapons. *Bulletin of the Atomic Scientists* 70 (6): 97–115.

Kristensen, Hans M. und Robert S. Norris. 2018a. Chinese Nuclear Forces. *Bulletin of the Atomic Scientists* 74 (4): 289–295.

Kristensen, Hans M. und Robert S. Norris. 2018b. North Korean Nuclear Capabilities. *Bulletin of the Atomic Scientists* 74 (1): 41–51.

Kristensen, Hans M., Robert S. Norris und Julia Diamond. 2018. Pakistani Nuclear Forces. *Bulletin of the Atomic Scientists* 74 (5): 348–358.

Macias, Amanda. 2018. America's Top Nuclear Commander: Russia and China Can't be Our Friends if They're Developing Weapons We Can't

Deter. https://www.cnbc.com/2018/08/08/us-nuclear-commander-russia-and-china-are-not-our-friends.html. Zugegriffen 22. Mai 2019.
Nuclear Weapon Archive. 2007. U.S. Nuclear Weapon Enduring Stockpile. https://nuclearweaponarchive.org/Usa/Weapons/Wpngall.html. Zugegriffen 20. Mai 2019.
Putin, Vladimir. 2018. Presidential Address to the Federal Assembly. http://en.kremlin.ru/events/president/news/56957. Zugegriffen 23. Mai 2019.
Rudolf, Peter. 2018. *Aporien atomarer Abschreckung – Zur US-Nukleardoktrin und ihren Problemen*. Berlin: SWP.
Speier, Richard H., George Nacouzi, Carrie Lee und Richard M. Moore. 2017. Hypersonic Missile Nonproliferation – Hindering the Spread of a New Class of Weapons. https://www.rand.org/pubs/research_reports/RR2137.html. Zugegriffen 22. Mai 2019.
TASS. 2018. Russia's Avangard Hypersonic Missile System. http://tass.com/defense/993615. Zugegriffen 20. Mai 2019.
U.S. Department of Defense. 2018. *Nuclear Posture Review 2018*. Washington, D.C.
U.S. Congress, Office of Technology Assessment. 1985. *Ballistic Missile Defense Technologies*. OTA-ISC-254. Washington, D.C.: US Government Printing Office.

Die völkerrechtliche Dimension von Massenvernichtungswaffen und nuklearer Abschreckung

Hans-Joachim Heintze

1 Einleitung

Auf den ersten Blick mag es erstaunen, aber das völkerrechtliche Friedenssicherungsrecht beschränkt oder verbietet die Aufrüstung von Staaten sowie die Anschaffung bestimmter Waffensysteme grundsätzlich nicht. Vielmehr betrachtet das Völkerrecht die militärische Aufrüstung zum Zwecke der Verteidigung als eine souveräne Entscheidung jedes Staates. Eine Schranke tut sich allerdings dann auf, wenn die Rüstung eines Staates durch einen anderen Staat als eine Gewaltandrohung verstanden wird, denn diese ist nach Art. 2 (4) der UN-Charta verboten. Freilich gibt es keine Legaldefinition für die „Androhung von Gewalt", sodass sich eine rechtliche Grauzone auftut, die durch die Staaten politisch ausgefüllt wird (vgl. Randelzhofer 2002, S. 124). Eine solche Aufrüstungsmaßnahme, die fast zu einem Atomkrieg geführt hätte, war 1962 die Stationierung von sowjetischen Atomwaffen auf Kuba, die zur sogenannten Kubakrise führte, weil sich die USA durch diese Waffensysteme unmittelbar bedroht fühlte. Der

Schock angesichts dieser militärischen Eskalation führte dann zu der vernünftigen Entscheidung der beiden Mächte, eine nukleare Abrüstung einzuleiten (vgl. Munton und Rennie 2010, para 23ff.). Wenngleich die Zahl der Nuklearwaffen im Vergleich zum Zeitraum des Ost-West-Gegensatzes insgesamt zurückgegangen ist, so sind in der jüngsten Vergangenheit viele wichtige Abrüstungsabsprachen im Nuklearbereich aufgekündigt worden und die Drohung eines neuen Wettrüstens steht im Raum. Deshalb appellierte der UN-Generalsekretär am 25. Februar 2019 auf der UN-Abrüstungskonferenz an die USA und Russland, auf dem Wege der Rüstungskontrolle und Abrüstung voranzuschreiten, denn sie „has been one of the hallmarks of international security for fifty years".[1] Das stellt das Friedenssicherungsrecht vor neue Herausforderungen. Umso bedeutender ist es daher, dass das Kriegsvölkerrecht schon seit mehr als einem Jahrhundert einige Waffenverbote, einschließlich der kontrollierten und völligen Abrüstung bestimmter Waffensysteme, hervorgebracht hat.

Der Beitrag stellt die verschiedenen Schritte der völkerrechtlichen Kodifizierung des Verbots der Massenvernichtungswaffen dar. Er geht vom Verbot der Biowaffen aus, das bereits 1972 erreicht werden konnte, weil die Großmächte zu der Erkenntnis gekommen waren, dass diese Waffenkategorie militärisch kaum zu beherrschen ist. Nach dem Ende des Ost-West-Konflikts folgte 1993 das Chemiewaffenübereinkommen, denn die Verbreitung dieses relativ leicht herzustellenden Waffentyps erzeugte eine erhebliche internationale Instabilität, insbesondere weil unberechenbare Regime und nichtstaatliche Akteure in den Besitz solcher Waffen gelangen konnten. Ausgehend von diesen Waffenverboten, die ein Modell

---

1 https://www.un.org/sg/en/content/sg/statement/2019-02-25/secretary-generals-remarks-the-conference-disarmament-bilingual-delivered. Zugegriffen: 4. August 2019.

auch für das Verbot von Atomwaffen sein könnten, beleuchtet der Beitrag den Atomwaffenverbotsvertrag von 2017. Er ist vor dem Hintergrund des Nichtweitergabevertrages von 1967 zu sehen; dabei wird geprüft, inwieweit er diesen Vertrag unterstützt oder gefährdet. Insgesamt ist der Beitrag des humanitären Völkerrechts zur Ächtung dieser Waffenkategorien hervorzuheben, da dieser Zweig des Völkerrechts sämtliche militärische Aktivitäten unter den Vorbehalt der Achtung grundlegender Prinzipien der Humanität stellt.

2 Waffenverbote im Völkerrecht

Das Kriegsvölkerrecht, das heute als humanitäres Völkerrecht bezeichnet wird, ersetzt im Falle eines bewaffneten Konflikts das Friedensvölkerrecht. Es setzt sich aus zwei verschiedenen Rechtskörpern zusammen, die nach ihren Entstehungsorten als das Genfer beziehungsweise Haager Recht bezeichnet werden und die mit den beiden Zusatzprotokollen von 1977 zu den Genfer Abkommen zum humanitären Völkerrecht zusammengeführt wurden (vgl. Gasser und Melzer 2012, S. 22). Während das Genfer Recht diejenigen schützt, die nicht oder nicht mehr an Kampfhandlungen teilnehmen, enthält das Haager Recht Vorschriften zu den Mitteln und Methoden der Kriegsführung.

Letzteres ist durch den Gegensatz zwischen zwei gleichrangigen Grundsätzen dominiert: der militärischen Notwendigkeit und dem Gebot der Humanität. Demnach darf der militärische Führer alle Maßnahmen ergreifen, um den militärischen Gegner zu überwinden und braucht dabei dessen Leben nicht zu schonen. Er muss aber sicherstellen, dass die Mittel verhältnismäßig sind und zivile Ziele geringstmöglich durch die Kampfhandlungen betroffen werden. Deshalb muss er militärische Ziele aufklären und Vorsichtsmaßnahmen zum Schutz der Zivilisten ergreifen. Aber auch gegenüber den feindlichen Kombattanten besteht kein unbeschränktes Recht in der Wahl der Methoden und Mittel der Kriegsführung. Insbesondere ist es nach Art. 35 (2) ZPI verboten „Waffen, Geschosse und Material sowie Methoden der Kriegsführung zu verwenden, die geeignet sind, überflüssige oder unnötige Leiden zu verursachen".

Es ist dieses Prinzip der Humanität – vollinhaltlich auch im Krieg anzuwenden – das bereits 1868 20 Staaten dazu veranlasste, mit den Sprenggeschossen einen neuartigen und heimtückischen Waffentypus zu verbieten. Damit unterwarfen sich Staaten erstmals der Ächtung einer ganzen Waffengattung. 1899 wurden Giftgas- und Dumdum-Geschosse verboten. Es folgten weitere Ächtungen: Splitterbomben und Brandwaffen (1980), Laserwaffen (1995), Antipersonenminen (1997) und Streubomben (2008). Diese Waffensysteme wurden verboten, weil sie überflüssige und unnötige Leiden verursachen. Damit stellt sich sofort die Frage nach den Massenvernichtungswaffen, welche ebenfalls solche Leiden hervorrufen, vor allem bei Zivilisten. Ins Gedächtnis der Menschheit haben sich die Bilder der durch den Atombombenabwurf „verdampften" Menschen von Hiroshima und Nagasaki eingegraben. Hinzu kommt, dass Massenvernichtungswaffen ein weiteres Erfordernis des humanitären Völkerrechts nicht erfüllen, und zwar das der Unterscheidung zwischen militärischen und zivilen Zielen, vernichten sie doch alles in ihrem Zielgebiet.

3   Verbot von Massenvernichtungswaffen

1947 bildete der UN-Sicherheitsrat die *Commission for Conventional Armaments* (UN-Dok. S/RES 18 vom 13. Februar 1947), die 1948 erstmals den Begriff der Massenvernichtungswaffen definierte.

Demnach handelt es sich dabei um atomare, bakteriologische und chemische Waffen und um solche, die zukünftig noch entwickelt werden und ähnlich destruktive Wirkungen entfalten wie die erstgenannten. Heute versteht das Völkerrecht darunter Waffen, deren Wirkung nicht vorherbestimmt beziehungsweise kontrolliert werden kann und die unterschiedslos Zivilisten, Kombattanten sowie die Umwelt schädigen. Deshalb wurde seit dem Zweiten Weltkrieg die Forderung nach ihrem Verbot erhoben, wobei die Verbotsgrundlage das humanitäre Völkerrecht sein sollte. Bislang konnten zweifellos Erfolge erzielt und Kategorien von Massenvernichtungswaffen verboten werden; ein umfassendes Verbot aller Massenvernichtungswaffen steht aber noch aus.

3.1 Biowaffen

Der Ausbruch der Ebola-Epidemie in Westafrika im Jahre 2014 machte einmal mehr deutlich, welche Sicherheitsrisiken mit Infektionskeimen verbunden sind (vgl. Clevestig 2014, S. 559). Vom UN-Sicherheitsrat wurde der Ebola-Ausbruch mit der Resolution UN-Dok. S/RES 2177 vom 18. September 2014) ausdrücklich als eine Gefahr für den Weltfrieden bezeichnet. Für Biowaffen gilt diese in verschärfter Weise. Vor diesem Hintergrund ist es verständlich, dass sie durch einen völkerrechtlichen Vertrag für fast alle Staaten verboten wurden. Bereits 1972 wurde das Übereinkommen über das Verbot der Entwicklung, Herstellung und Lagerung bakteriologischer (biologischer) Waffen und von Toxinwaffen sowie über die Vernichtung solcher Waffen abgeschlossen, welches 1975 in Kraft trat und bislang von 178 Staaten ratifiziert wurde. Das Übereinkommen verpflichtet die Staaten, Biowaffen nicht herzustellen und zu lagern; bereits bestehende sind zu vernichten. Damit handelt es sich um den ersten umfassenden Abrüstungsvertrag, der eine ganze Waffenkategorie nicht nur verbietet, sondern auch ihre umfassende Beseitigung fordert. Allerdings sind Wermutstropfen nicht zu übersehen: So ist der Begriff der Biowaffe nicht definiert und die Nutzung bakteriologischer Stoffe für friedliche Zwecke bleibt zugelassen. Hinzu kommt, dass zur Kontrolle der Abrüstung von Biowaffen wegen des Widerstands der USA – entgegen den Vorschlägen der EU – kein eigenständisches Verifikationsregime geschaffen wurde (vgl. Brunner 2018, S. 1200). Dies erschwert die Kontrolle. Das durch Art. VI im Übereinkommen eingeräumte Verfahren, wonach ein Vertragsstaat einen anderen wegen der Verletzung von Vertragsverpflichtungen beim UN-Sicherheitsrat anzeigen kann, fand bislang keine Anwendung und stellt weithin nur eine theoretische Möglichkeit dar. Schließlich ist es eine Binsenweisheit, dass ein Staat, sollte er beschuldigt werden, sofort eine Gegenklage erhebt.

3.2 Chemiewaffen

Auch Chemiewaffen sind für fast alle Staaten verboten. Das Übereinkommen über das Verbot der Entwicklung, Herstellung, Lagerung und des Einsatzes chemischer Waffen von 1993 trat 1997 in Kraft. In den Geltungsbereich fallen 192 Staaten und somit 98 Prozent der Weltbevölkerung. Der Abschluss wurde nach dem Ende des Ost-West-Gegensatzes möglich, weil die Großmächte erkannt haben, dass die Verbreitung dieser Waffensysteme zu einer erheblichen internationalen Destabilisierung geführt hat. Sie sind relativ leicht und günstig herzustellen und werden deshalb umgangssprachlich von Journalistinnen und Journalisten auch als die „Atombombe des kleinen Mannes" bezeichnet. Nachdem sich auch unberechenbare autoritäre Staaten in den Besitz dieser Waffen gebracht hatten und die Gefahr offenkundig wurde, dass sich auch nichtstaatliche Akteure (insbesondere Terroristen) damit versorgen könnten, einigten sich 1990 die USA und die Sowjetunion, ihre Bestände zu vernichten und einen internationalen Verbotsvertrag auszuarbeiten. Als großer Erfolg ist anzusehen, dass Russland – das über die größten Bestände verfügte und 15 Jahre an deren Vernichtung arbeitete – 2017 seine Chemiewaffenfreiheit verkünden konnte (vgl. Neue Zürcher Zeitung vom 20. September 2017, S. 5).

Der Vertrag verbietet den Besitz von Chemiewaffen und verlangt deren Vernichtung unter Kontrolle der speziell zu diesem Zweck geschaffenen internationalen Organisation für das Verbot chemischer Waffen (*Organisation for the Prohibition of Chemical Weapons*, OVCW). Neben der Vernichtung besteht eine weitere Funktion der OVCW in der Überprüfung der chemischen Industrie, um sicherzustellen, dass diese nicht illegal Ausgangsstoffe für chemische Waffen produziert. Seit April 1997 haben die Inspektoren 6.785 Kontrollen in 3.170 Chemie- und 3.170 Industrieanlagen durchgeführt.[2] Der umfassende Ansatz, das Durchsetzungsverfahren und das schnelle Inkrafttreten dieses Übereinkommens unterscheiden das Vertragswerk positiv von anderen Abrüstungsinstrumenten.

Vor diesem Hintergrund überrascht die Reaktion der USA und Russlands auf den Giftgaseinsatz seitens der syrischen Regierung und der Rebellen nahe Damaskus 2013 nicht. Beide Großmächte waren sich einig, dass ein solches Kriegsverbrechen nicht hingenommen werden kann. Deshalb übten sie Druck auf Diktator Baschar al-Assad aus und zwangen ihn, dem Chemiewaffenübereinkommen beizutreten. Nach dem Beitritt wurden bis 2015 alle deklarierten syrischen Chemiewaffen außer Landes gebracht und/oder unter internationaler Kontrolle vernichtet. Freilich war das gesamte Vorhaben außerordentlich kompliziert, mussten die

---

2 Stand vom August 2019. https://www.opcw.org/media-centre/opcw-numbers.

Chemiewaffen doch unter Bürgerkriegsbedingungen aufgefunden und über syrische Häfen verschifft werden. Dies mag ein Grund dafür sein, dass es 2016 zu einer neuerlichen Chemiewaffenanwendung in Syrien kam. Zudem wurden weitere systematische Verstöße festgestellt (vgl. Meier 2016, S. 1). Die Verstöße belegen nicht die Unzulänglichkeit des Chemiewaffenübereinkommens, sondern vielmehr den Unwillen beziehungsweise die Unfähigkeit der Großmächte zur Zusammenarbeit bei der effektiven Durchsetzung von Abrüstungsverträgen.

3.3 Atomwaffen

3.3.1 Nichtweitergabe

Bereits 1968 wandte sich die Staatengemeinschaft der rechtlichen Einhegung von Atomwaffen zu. Der Vertrag über die Nichtverbreitung von Kernwaffen, der 1970 in Kraft trat, nahm sich allerdings nur dem Problem der Weitergabe von Kernwaffen und deren Technologie an, um einerseits die Entstehung neuer Nuklearmächte zu vermeiden und andererseits die friedliche Nutzung der Kernenergie zu fördern. Der Vertrag verpflichtet die Kernwaffen- und Nichtkernwaffenstaaten in unterschiedlicher Weise: Erstere dürfen keine Kernwaffen weitergeben und niemanden ermutigen oder unterstützen, nach solchen Waffen zu streben. Letztere dürfen nicht versuchen, direkte oder indirekte Kontrolle über diese zu erlangen. Diese Festlegungen schaffen zwar einen Doppelstandard, stehen aber nicht im Widerspruch zum Prinzip der souveränen Gleichheit der Staaten, da sich die Mitgliedsstaaten des Vertrages freiwillig zu den Verpflichtungen bekannten, und zwar deshalb, weil allen Staaten die friedliche Nutzung der Kernenergie zugestanden, ja sogar die Unterstützung dabei zugesichert wurde. Zugleich wurde den Kernwaffenstaaten

Die völkerrechtliche Dimension

mit Art. VI die Pflicht auferlegt, in effektive Verhandlungen zur Abrüstung einzutreten. Der Internationale Gerichtshof (IGH) hat diesen Aspekt in seinem Gutachten über die Rechtmäßigkeit von Nuklearwaffen explizit hervorgehoben und die mit ihr einhergehende Verpflichtung zur nuklearen Abrüstung bestätigt (vgl. IGH Rep. 1996, S. 263). Insgesamt hat der Nichtweitergabevertrag eine positive Reputation, nicht zuletzt haben deshalb auch einige Staaten ihre Bestände aufgegeben beziehungsweise atomwaffenorientierte Aktivitäten eingestellt. Zu nennen sind hier die Nachfolgestaaten der UdSSR (Weißrussland, die Ukraine und Kasachstan) sowie Südafrika und Libyen.

Freilich eröffnet die friedliche Nutzung von Kernenergie auch einen ersten Schritt in die Richtung militärischer Anwendungsmöglichkeiten. Um dieser Gefahr zu begegnen, wurde mit der Schaffung der Internationalen Atomenergie-Organisation eine Kontrollmöglichkeit geschaffen, die durch Vor-Ort-Kontrollen in Atomkraftwerken sicherstellen soll, dass nicht unter dem Deckmantel der friedlichen Nutzung Atomrüstung betrieben wird. Die Behinderung dieses Mechanismus hat im Falle des Iran zu einer Überweisung dieses Sachverhaltes an den UN-Sicherheitsrat geführt. Dieser schätzte das iranische Vergehen als eine Bedrohung des regionalen Friedens nach Kap. VII der UN-Charta ein und belegte den Iran mit Sanktionen (UN-Dok. S/RES 1737 vom 23. Dezember 2006).

Dieses Beispiel zeigt den bestehenden Doppelstandard in Bezug auf die Atomwaffen deutlich auf: Während die fünf ständigen Sicherheitsratsmitglieder das Verhalten des Iran dezidiert verurteilen und sanktionieren, kommen sie selbst ihrer Verpflichtung zur nuklearen Abrüstung nicht nach. Die USA und Russland besitzen mehr als 90 Prozent der weltweit rund 16.000 Atomwaffen und kommen für über 75 Prozent der globalen Ausgaben für diese Waffen auf (vgl. Meier 2015, S. 2). Sie argumentieren, dass die internationale Lage in den letzten Jahren immer instabiler geworden sei, so dass momentan die nukleare Rüstung ein Garant der Sicherheit und unverzichtbar sei. Ähnlich argumentieren die Nicht-Mitgliedsstaaten, die keine Verpflichtungen in Bezug auf einen Atomwaffenverzicht haben. Folglich war es Indien, Pakistan und Israel nicht verboten, eine eigene Atomrüstung aufzubauen. Auch Nordkorea, das aus dem Vertrag ausgetreten ist, besitzt offenkundig Nuklearwaffen, ohne dass es Sanktionen befürchten muss, obwohl zahlreiche Staaten den Austritt nicht anerkannt haben.

3.3.2 Das IGH-Rechtsgutachten zu Atomwaffen

Die Beispiele Irans und Nordkoreas belegen anschaulich die rechtlichen Grauzonen, die der Nichtweitergabevertrag geschaffen hat. Es verwundert daher nicht, dass die Frage der Rechtmäßigkeit dieser Waffengattung immer wieder aufkam. Für die Klärung solcher Rechtsfragen hat sich die Staatengemeinschaft mit dem Internationalen Gerichtshof ein Organ geschaffen. Dieser Gerichtshof kann nach Art. 65 (1) seines Statuts zu jeder Rechtsfrage, die ihm von einem UN-Organ vorgelegt wird, ein Gutachten erstellen. Es zeigt die politische Brisanz der Atomwaffenfrage – betrifft sie doch vor allem die fünf ständigen Mitglieder des Sicherheitsrates –, dass einige Staaten die Berechtigung des IGH verneinten, sich mit dieser Gutachtenfrage zu beschäftigen. In der Tat kann der IGH die Erstellung eines Gutachtens dann ablehnen, wenn zwingende Gründe dagegen vorliegen. Diese gab es, als die WHO ein Gutachten über die Legalität von Atomwaffen angefordert hatte. Hier hatte der IGH zutreffend argumentiert, dass die Frage der Legalität von Waffen nicht zur Kompetenz einer Gesundheitsorganisation gehöre. Nach dieser Ablehnung wandte sich nunmehr der UN-Generalsekretär an den IGH und erbat ein Rechtsgutachten zur Beantwortung der Frage, ob die Drohung mit oder der Einsatz von Nuklearwaffen durch das Völkerrecht erlaubt sei. Die Formu-

Die völkerrechtliche Dimension

lierung der Gutachtenfrage weist bereits auf einen Kompromiss hin, denn es wird nicht gefragt, ob der Einsatz von Nuklearwaffen verboten ist. Diese Frage umgeht der Gerichtshof und untersucht stattdessen das anwendbare Recht.

Die 15 Richter erstellten ein Gutachten, das zwar rechtlich nicht verbindlich ist (es ist kein Urteil), aber die Interpretation des bestehenden Rechts durch führende Völkerrechtlerinnen und Völkerrechtler wiedergibt und insofern hohe rechtliche und politische Bedeutung besitzt (https://www.icj-cij.org/en/case/93/summaries). Zu beachten ist auch, dass sich das Gutachten zu verschiedenen Teilfragen äußert, die nicht alle von den Richtern einhellig beantwortet wurden:

- *Feststellung 1*: Weder das Völkergewohnheits- noch das Völkervertragsrecht erlauben die Drohung mit oder den Einsatz von Atomwaffen (einstimmig).
- *Feststellung 2*: Weder das Völkergewohnheits- noch das Völkervertragsrecht verbieten den Einsatz von oder die Drohung mit Atomwaffen umfassend und unter allen Umständen (elf zu drei Stimmen).
- *Feststellung 3*: Der Einsatz von oder die Drohung mit Atomwaffen entgegen dem Gewaltverbot und ohne Rechtfertigung nach Art. 51 (Selbstverteidigung) ist rechtwidrig (einstimmig).
- *Feststellung 4*: Der Einsatz oder die Drohung mit Atomwaffen muss dem humanitären Völkerrecht und anderen einschlägigen völkerrechtlichen Normen entsprechen (einstimmig).
- *Feststellung 5*: Der Einsatz und die Drohung mit Atomwaffen dürften grundsätzlich gegen das humanitäre Völkerrecht verstoßen. Gleichwohl kann der IGH nicht entscheiden, ob der Einsatz in einer außergewöhnlichen Notlage, in der das bloße Überleben eines Staates infrage steht, rechtmäßig oder

rechtswidrig ist (sieben zu sieben Stimmen, entscheidend die Stimme des Präsidenten).
- *Feststellung 6*: Die Atomwaffenstaaten sind zu Verhandlungen mit dem Ziel der vollständigen atomaren Abrüstung verpflichtet (einstimmig) (vgl. ICJ Report 1993, para. 105).

Bereits die Beantwortung der Teilfragen durch die Richter weist Widersprüchlichkeiten auf. Einigkeit besteht allerdings dahingehend, dass der bloße Besitz von Atomwaffen solange zulässig ist, wie mit dem Einsatzwillen nur die Abschreckung und kein völkerrechtwidriges Ziel verfolgt wird. Herauslesen kann man auch, dass der Einsatz von Nuklearwaffen mit dem humanitären Völkerrecht nicht vereinbar ist. Im Widerspruch dazu steht dann allerdings die auch unter den Richtern umstrittene Aussage, dass in Fällen extremer Selbstverteidigung, bei der es um die Existenz eines Staates geht, nicht definitiv entschieden werden kann, ob dann die Anwendung von Nuklearwaffen zulässig ist. Diese Argumentation der Richter ist insofern widersprüchlich, weil sie die Regelungen des Kriegsvölkerrechts unter den Vorbehalt stellt, dass sie hinter das Existenzrecht eines Staates zurücktreten (vgl. Dinstein 2019, para. 11).

Das Humanitätsgebot des humanitären Völkerrechts wird damit völlig außer Acht gelassen. Letztlich zeigt das IGH-Gutachten, dass sich hinsichtlich der Nuklearwaffen erhebliche rechtliche Grauzonen auftun. Anders als bei biologischen und chemischen Waffen gab es zum Zeitpunkt der Verabschiedung des Gutachtens kein absolutes Verbot der Nuklearwaffen. Der Besitz dieser Massenvernichtungswaffen ist demnach weiterhin zulässig.

Interessant ist in diesem Zusammenhang der Shimoda-Fall, der 1963 vor dem Bezirksgericht in Tokio verhandelt wurde und sich auf Schadensersatzforderungen von Bürgerinnen und Bürgern Hiroshimas und Nagasakis gegenüber der japanischen Regierung bezog. Die Kläger beriefen sich auf das humanitäre Völkerrecht, das die Rechtswidrigkeit des Atombombeneinsatzes begründe. Das Gericht wies die Klage mit der Begründung der fehlenden subjektiven Berechtigung der Kläger ab. Dennoch äußerte es sich zur Rechtswidrigkeit der Atombombenabwürfe und leitete diese aus dem Haager Recht von 1899 und 1907 her (vgl. Heintschel von Heinegg, 2005, S. 373). Das Beispiel zeigt die zunehmende Bezugnahme auf das humanitäre Völkerrecht und seine Anwendung auf die Nuklearwaffen – eine Auffassung, die heute weithin von den Völkerrechtlerinnen und Völkerrechtlern geteilt wird. Gleichwohl bleiben westliche Staaten hinter dieser Entwicklung zurück, was daran deutlich wird, dass die NATO-Staaten (darunter auch Deutschland) bei der Ratifikation der Zusatzprotokolle zu den Genfer Abkommen erklärten, deren Anwendungsbereich beschränke sich auf konventionelle Waffen (vgl. BGBl 1990 II, 1550).

3.3.3 Atomwaffenverbotsvertrag

Die Forderung nach einer kernwaffenfreien Welt wurde Mitte der 1980er Jahre auf die internationale Tagesordnung gesetzt, als USA-Präsident Ronald Reagan und der sowjetische Staatschef Michael Gorbatschow sich zu dem Ziel bekannten, diese „irrationalen" und „unmenschlichen Waffen" abzuschaffen. Die Umsetzung scheiterte 1986 in Reykjavik an der amerikanischen Nachrüstung in Mitteleuropa. Gleichwohl brachte die gesamte Diskussion einen Teilerfolg hervor, nämlich den INF-Vertrag, der zur Abrüstung der Mittelstreckenwaffen in Mitteleuropa führte (vgl. Hiemann und Thränert 2008, S. 2).

Die ersten nuklearen Abrüstungsschritte in Mitteleuropa setzten die Frage eines totalen Verbots der Atomwaffen erneut auf die Tagesordnung. Nach langen Diskussionen wurde 2017 der Nuklearwaffenverbotsvertrag abgeschlossen, der durch 122 Staaten auf einer Konferenz verabschiedet wurde. Allerdings ist die

Behauptung „Vereinte Nationen beschließen Atomwaffenverbot" (so Meier 2017, S. 1) etwas irreführend. Die UNO hat stattdessen einen Vertrag ausgearbeitet, welcher den Staaten zur Unterzeichnung und Ratifikation empfohlen wurde. Letztlich entscheiden also die Staaten mit der Ratifikation des Vertrages, dass sie sich zu einem Verbot dieses Waffensystems bekennen.

Der Beschluss zur Durchführung einer solchen Konferenz wurde 2016 durch die UN-Generalversammlung gefasst (UN-Dok. A/RES 71/258 vom 23. Dezember 2016). Die schnelle Umsetzung der Resolution zeigt das Interesse der Staatenmehrheit an einem solchen Vertrag und einem kurzfristigen Ergebnis der Konferenz. Deshalb wurde das Vertragsdokument auch mit qualifizierter Mehrheit angenommen. Damit ging die Konferenz von dem geheiligten Konsensprinzip ab, das sonst bei Abrüstungsfragen immer praktiziert wurde. Allerdings nahm keine Atommacht an der Konferenz teil und auch die meisten westlichen Staaten blieben fern, schlussendlich stimmten aber die Niederlande gegen den Vertrag. Demgegenüber nahmen viele NGOs und das Internationale Komitee vom Roten Kreuz, das sich seit langem für einen solches Verbot einsetzt, teil.

Dass es sich bei der Zustimmung zur Idee des Verbotsvertrags nicht um ein bloßes Lippenbekenntnis handelt, wird an der Unterzeichnung beziehungsweise Ratifizierung des Verbotsvertrages durch bislang 70 beziehungsweise 25 Staaten deutlich (Stand: August 2019). Gleichwohl ist der Vertrag bislang noch nicht in Kraft getreten, denn dazu bedarf es 50 Ratifizierungen. Die Zielsetzung der UN-Generalversammlung ist, dass der Vertrag einerseits die Atomwaffen definitiv verbietet und zum anderen die Abrüstung durch einen kontrollierbaren Mechanismus voranbringt. Nicht durchsetzen konnten sich in den relativ kurzen Verhandlungen diejenigen Staaten, die eine Verbindung zum Nichtweitergabevertrag schlagen wollten, um so die Kernwaffenmächte einzubeziehen.

Die völkerrechtliche Dimension

Weiterhin verweist der Vertrag auf die katastrophalen humanitären, ökologischen und sozialökonomischen Folgen jedes Atomwaffeneinsatzes. Er hebt die Verpflichtung der Mitgliedsstaaten hervor, den Opfern zu helfen und die Folgen für die Umwelt abzumildern. Der Wortlaut des Vertrages ist „radikal", denn die Verbotstatbestände umfassen die Entwicklung, Erprobung und Herstellung sowie den Erwerb, Besitz, Transfer und Einsatz von Atomwaffen und Atomsprengkörpern. Ähnlich „radikal" ist das Verbot der Drohung des Einsatzes mit nuklearen Waffen sowie die Ablehnung des Konzepts der nuklearen Abschreckung. Verboten ist zudem die Stationierung von Atomwaffen anderer Staaten auf dem eigenen Staatsgebiet. Gerade diese Bestimmungen dürften es für die NATO-Staaten – so auch für die Bundesrepublik Deutschland – unmöglich machen, dem Vertrag beizutreten.

Gleichwohl wird die Existenz des Vertrages den Druck auf die Atommächte, ihre Abrüstungsanstrengungen zu steigern, erhöhen. Auch wenn die USA, Großbritannien und Frankreich am Tag der Verabschiedung des Vertrages erklärt haben, sie würden dem Vertrag niemals beitreten, so wird sich der öffentliche Druck auf sie vergrößern und sie werden sich für ihre Politik zunehmend rechtfertigen müssen. Allerdings sind auch kritische Stimmen nicht zu überhören, die davor warnen, dass der Verbotsvertrag das eingespielte System des Nichtweitergabevertrages gefährden und zu einem Scheitern der nächsten Überprüfungskonferenz führen könnte. Deshalb fordern Friedensforscherinnen und -forscher dazu auf, die Gräben zwischen Abrüstungsbefürwortern und den Nuklearstaaten nicht weiter zu vertiefen. Offen wurden diese Gegensätze auf der Überprüfungskonferenz 2015, die scheiterte und auf der sich die EU nicht auf eine einheitliche Position einigen konnte (vgl. BICC et al. 2019, S. 41).

Hinzu kommt, dass vor dem Hintergrund des Vertrages eine neue Debatte darüber beginnen wird, ob die Atommächte nicht zumindest Garantien über eine Nichtanwendung dieser Waffen abgeben sollten. Nach Belgien und Kanada (die nicht an den Vertragsverhandlungen teilgenommen haben), den Niederlanden (die teilgenommen, aber nicht dafür gestimmt haben) und Schweden (das dafür gestimmt hat) machte Deutschland 2016 einen solchen Vorschlag (vgl. Meier 2017, S. 4).

Aus völkerrechtsdogmatischer Sicht ist – abseitig vom politischen Pragmatismus – das theoretische Konzept des Vertrages, das von dem Gedanken der menschlichen Sicherheit ausgeht und den Schutz des Individuums hervorhebt, zu begrüßen. Unterstrichen werden der Opfer- und Umweltschutz sowie das Recht auf Entwicklung. Folglich sollten sich die Staaten nicht an Machtinteressen, sondern am humanitären Völkerrecht, welches den Einsatz von Atomwaffen verbietet, orientieren (vgl. Mohr 2018, S. 126). Freilich zeigt die Struktur des Vertrages, dass diese Ziele den Vertrag dominieren, wohingegen die konkrete rechtliche Substanz demgegenüber beschränkter ist.

4 Schlussbemerkung

Das eindeutige Verbot von Atomwaffen und die Verpflichtung ihrer totalen Abrüstung durch den neuen Vertrag von 2017 bedeutet eine Klarstellung gegenüber dem widersprüchlichen Gutachten des IGH aus dem Jahre 1996. Damit folgt die Staatengemeinschaft der vertragsrechtlichen Herangehensweise bezüglich biologischer und chemischer Massenvernichtungswaffen. Der ideengeschichtliche und rechtliche Hintergrund sind Erwägungen der Humanität, die den Staaten auch für den Fall eines bewaffneten Konflikts Verpflichtungen auferlegen.

Diese Erwägungen müssen auch der Ausgangspunkt für die christliche Friedensbewegung sein (vgl. Justitia et Pax 2019, S. 4ff.), welche nunmehr auf die bestehenden internationalen Instrumente zurückgreifen kann. Es bedarf dieses nichtstaatlichen Engagements, denn die Verhandlungen um den Atomverbotsvertrag haben gezeigt, dass die Staatengemeinschaft in zwei Lager gespalten ist, die nicht miteinander kommunizieren. Der schnelle Abschluss der Arbeiten zum Atomwaffenverbotsvertrag wurde um den Preis erreicht, dass den Atomwaffenbefürwortern keine Mitsprache eingeräumt wurde. Es ist fraglich, ob es sinnvoll ist, einen Vertrag abzuschließen, welcher gegen eine Staatengruppe gerichtet ist. Die Kunst der Diplomatie besteht ja gerade darin, gegensätzliche Positionen auszugleichen. Vor diesem Hintergrund kommt auf die nichtstaatlichen Akteure die Aufgabe der Vermittlung zu, wobei aber auch die Lebensinteressen der Menschheit klar artikuliert werden müssen.

Literatur

BICC, HSFK, IFSH, INEF (Hrsg.). 2019. *Friedensgutachten 2019*. Münster: LIT.

Brunner, Manuel. 2018. Abrüstung. In *Völkerrecht*, hrsg. von Knut Ipsen, 1200–1202. 7. Aufl. München: Beck.

Clevestig, Peter. 2014. Infectious Diseases and International Security. In *Sipri Yearbook 2014*, hrsg. von SIPRI, 559–569. Oxford: Oxford University Press.

Dinstein, Yoram, Military Necessity, in: Max Planck Encyclopedia of International Law, online version, para. 6 (abrufbar unter www. http/mpepil.com., letzter Aufruf am 18.8.2019.)

Gasser, Hans-Peter und Nils Melzer. 2012. *Humanitäres Völkerrecht*. 2. Aufl. Baden-Baden: Nomos.

Heintschel von Heinegg, Wolff. 2005. Mittel und Methoden der Kriegsführung. In *Casebook Völkerrecht*, hrsg. von Wolff Heintschel von Heinegg, 372–378. München: Beck.

Hiemann, Roland und Oliver Thränert. 2008. *Eine Welt ohne Kernwaffen?* Berlin: SWP.

Justitia et Pax. 2019. *Die Ächtung der Atomwaffen als Beginn nuklearer Abrüstung. Ein Positionspapier der Deutschen Kommission Justitia et Pax*. Bonn: Justitia et Pax.

Meier, Oliver. 2015. *Die Konferenz zur Überprüfung des nuklearen Nichtweitergabevertrages*. Berlin: SWP.

Meier, Oliver. 2016. *Gefahren durch Chemiewaffen in Syrien*. Berlin: SWP.

Meier, Oliver. 2017. *Vereinte Nationen beschließen Atomwaffenverbot*. Berlin: SWP.

Mohr, Manfred. 2018. Der Atomwaffenverbotsvertrag und seine völkerrechtlichen Wirkungen. *Humanitäres Völkerrecht* (1-2): 125–134.

Munton, Don und Elisabeth Rennie. 2010. Cuban Missle Crisis. https://opil/ouplaw.com. Zugegriffen: 2. August 2019.

Randelzhofer, Albert. 2002. Art. 2 (4), 2002. In *The Charter of the United Nations. A Commentary*, hrsg. von Bruno Simma, Hermann Mosler, Albrecht Randelzhofer, Christian Tomuschat und Rüdiger Wolfrum, 112- 135. Oxford: Oxford University Press.

Der Vertrag über das Verbot von Nuklearwaffen und negative Sicherheitsgarantien

Heinz Gärtner

1 Einleitung

Im Juli 2017 stimmten 122 Staaten auf einer Konferenz der Vereinten Nationen für den Vertrag über das Verbot von Nuklearwaffen. Der Vertrag drückt die Besorgnis über die humanitären Konsequenzen eines Nuklearwaffeneinsatzes aus. Weil er auch die vollständige Vernichtung von Nuklearwaffen verlangt, stimmten kein Nuklearwaffenstaat und mit ihnen Verbündete für den Vertrag. Die Idee des Vertrages ist, die rechtliche Lücke zu schließen, die zwischen den Abrüstungsverpflichtungen der Nuklearwaffenstaaten im Atomwaffensperrvertrag (Artikel VI) und deren mangelnde Umsetzung durch die Nuklearwaffenstaaten entstanden ist. Der Grund für die Nichteinhaltung liegt in der permanenten Modernisierung der Nuklearwaffen.

Der Beitrag zeichnet zuerst die Gründe für die Entstehung und den Inhalt des Vertrages nach. Da die Nuklearwaffenstaaten auf absehbare Zeit ihre Nuklearwaffen nicht abschaffen werden, unterbreitet dieser Beitrag einen Vorschlag als Zwischenschritt: Die Nuklearwaffenstaaten sollen völkerrechtlich verpflichtend darauf verzichten, Nuklearwaffenstaaten gegen Nicht-Nuklearwaffenstaaten mit Nuklearwaffen einzusetzen oder sie damit zu bedrohen (negative Sicherheitsgarantien).

2 Permanente Modernisierung der Nuklearwaffen

Im Wahlkampf 2016 hatte US-Präsident Donald Trump erklärt, dass Nuklearwaffen, wenn sie Sinn haben sollen, auch einsetzbar sein müssen. Dafür wurde er von den Medien heftig kritisiert, sollen diese nur der Abschreckung und nicht dem Einsatz dienen. Dabei hat Trump lediglich das ausgesprochen, was der Sicherheitslogik der Nuklearwaffen entspricht. Wenn sie nicht glaubwürdig einsatzbar sind, schrecken sie auch nicht glaubwürdig ab. Laut der *Nuclear Posture Review* (U. S. Department of Defense 2018) sollen sie „maßgeschneidert" und „flexibel" verwendbar sein.

Glaubwürdig einsetzbar sind sie allerdings nur, wenn sie klein genug sind, dass sie lediglich „begrenzten" Schaden anrichten können und sich der Gegner – wenn auch beschämt – zurückziehen kann.[1] Damit würden Nuklearwaffen auch zwangsläufig zu Kriegsführungswaffen. Diese Absicht wird aber von offizieller Seite verneint. Verteidiger und Kritiker der *Nuclear Posture Review* haben beide recht: Kleinere Nuklearwaffen machen die Abschreckung glaubwürdiger, ihren Einsatz aber auch wahrscheinlicher. Zu glauben, dass eine nukleare Auseinandersetzung begrenzt werden könne, ist eine verführerische, aber unwirkliche Annahme.

---

1 Gegenwärtig können selbst die „kleineren" Atomwaffen immer noch einen Schaden ähnlich dem von Hiroshima mit 150.000 Toten anrichten.

Dieses Prinzip galt schon bei der NATO-Strategie der *Flexible Response* in den 1970er Jahren, als man sah, dass eine Drohung mit massiver gegenseitiger Zerstörung nicht glaubwürdig war. Die *Nuclear Posture Review* sieht in den kleineren Waffen eine Antwort auf Russlands Strategie „Eskaliere, um zu deeskalieren!", was bedeutet, dass eine immer größere Zerstörung angedroht wird, bis sich die andere Seite zurückzieht. In der Konsequenz verfolgt die *Nuclear Posture Review* dieselbe Strategie, könnte Russland ja sonst die baltischen Staaten oder Polen mit *Mini-Nukes* angreifen. Russland wiederum behält die kleinen nicht-strategischen Nuklearwaffen, um einen Angriff der NATO mit deren stärkeren konventionellen Waffen abzuschrecken.

Abschreckung ist in der Nuklearstrategie der USA nicht der „alleinige Zweck" von Nuklearwaffen. Dieser Logik entspricht auch Trumps erste *Nuclear Posture Review*. Die existierenden Nuklearwaffen mit kleinerer Sprengkraft sollen um kleinere Sprengköpfe auf seegestützten ballistischen Raketen und um eine weitere Kategorie seegestützter Marschflugkörper ergänzt werden. Die Modernisierung der Nuklearwaffen steht überhaupt im Zentrum der *Nuclear Posture Review*. Das unter Präsident Barack Obama begonnene Erneuerungsprogramm der nuklearen Triade (See, Land, Luft) wird fortgesetzt, was in den nächsten dreißig Jahren eineinhalb Billionen Dollar verschlingen soll. Es wird in den Dokumenten immer wieder auf Russlands Modernisierungsprogramm und seine nicht-strategischen Waffen verwiesen. Hier bestünde eine Lücke, die geschlossen werden müsste. Man wird an die Bomberlücke von Präsident Dwight D. Eisenhower in den 1950er und an die Raketenlücke von Präsident John F. Kennedy in den 1960er Jahren erinnert; diese Lücken gab es damals nicht. Wahrscheinlich greift Russland auch ohne dieses Modernisierungsprogramm die baltischen Staaten nicht mit Nuklearwaffen an.

Nuklearwaffen sollen nukleare und nicht-nukleare Angriffe abschrecken. Konsequenterweise wird auch der Verzicht des Ersteinsatzes von Nuklearwaffen zurückgewiesen, da ja insbesondere kleinere Nuklearwaffen auch gegen konventionelle, chemische oder biologische Waffen eingesetzt werden können müssen. Verwiesen wird auf Russland, das auch nicht auf den Ersteinsatz von Nuklearwaffen verzichtet. Chinas offizieller Ersteinsatzverzicht wir von Interpreten der *Nuclear Posture Review* als nicht glaubwürdig verworfen. Nuklearwaffen sollen nur unter „extremen Bedingungen" eingesetzt werden. Wann diese eintreten, wird bewusst im Unklaren gelassen. Das könnte auch ein massiver Cyberangriff auf die Infrastruktur der USA sein. Zusätzliche Nuklearwaffen werden aber nicht angestrebt, auch die Wiederaufnahme von Nukleartests nicht empfohlen. Der umfassende nukleare Teststoppvertrag (CBT) soll dem Kongress aber weiterhin nicht zur Ratifizierung vorgelegt werden.

In seiner Rede zur Lage der Nation im Januar 2018 machte der US-Präsident noch eine eher ironische Bemerkung in Anlehnung an Obamas Vision einer Welt ohne Nuklearwaffen. Vielleicht werde es – so Trump – irgendwann in der Zukunft einen „magischen Moment" geben, wenn sich die Länder der Welt zusammenfänden, um ihre Nuklearwaffen zu zerstören. „Leider sind wir noch nicht dort!"[2] Die USA lehnen Rüstungskontrolle nicht ab, verbinden damit aber keinesfalls Abrüstung, sondern eher ein Management der „strategischen Konkurrenz zwischen den Staaten" und der Vergrößerung von Transparenz und Kontrolle. Der bilaterale Rüstungskontrollvertrag mit Russland über Mittelstreckenraketen (*Intermediate Nuclear Forces Treaty*, INF) wurde 2019 zuerst von den USA und dann von Russland aufgekündigt. Der Neue START-Ver-

---

2 https://www.whitehouse.gov/briefings-statements/president-donald-j-trumps-state-union-address/. Zugegriffen: 1. August 2019.

trag über die Beschränkung von Interkontinentalraketen, der 2021 ausläuft, wird wohl nicht verlängert werden. Durch die Ankündigung der Modernisierung der nicht-strategischen beziehungsweise taktischen Nuklearwaffen, die in einigen europäischen Ländern stationiert sind, soll auch Druck auf Russland ausgeübt werden, den Mittelstreckenvertrag von 1987 neu zu verhandeln. Die 2024 einsetzbaren F-35 Kampfflugzeuge können die nuklearen Sprengköpfe (B-61) weit in russisches Territorium tragen. Die europäischen Länder, auf deren Territorium diese stationiert sind und die sich 2014 noch für deren Entfernung eingesetzt hatten, dürften diesen Plänen allerdings Widerstand entgegensetzen.

3 Der Atomwaffenverbotsvertrag

Der Vertrag über das Verbot von Nuklearwaffen (*Treaty on the Prohibition of Nuclear Weapons*, TPNW) reagiert auf diese permanente Modernisierung von Nuklearwaffen, haben sich die Nuklearwaffenstaaten mit dem Atomwaffensperrvertrag (*Non-Proliferation Treaty*, NPT) verpflichtet, ihre Kernwaffen abzurüsten.

Im Juni 2017 stimmten 122 Mitgliedsstaaten der Vereinten Nationen für den Atomwaffenverbotsvertrag. Darunter waren kein Nuklearwaffenstaat und keiner mit denen verbündete Staaten, also kein NATO-Mitglied. Der Vertrag verbietet Entwicklung, Testen, Produktion, Lagerung, Stationierung, Transfer und Gebrauch von Nuklearwaffen sowie die Drohung mit ihnen. Er besteht aus drei Säulen: der vollständigen Zerstörung von Nuklearwaffen, dem Hinweis auf die humanitären Auswirkungen und der vollständigen Umsetzung des Atomwaffensperrvertrages. Der Ratifikationsprozess läuft derzeit. 50 Ratifizierungen sind nötig, damit der Vertrag in Kraft tritt. Bis August 2019 hatten 70 Staaten den Vertrag unterzeichnet und 25 Staaten den Vertrag ratifiziert.

Der Text des Verbotsvertrages weist auf die Kompatibilität mit dem Atomwaffensperrvertrag von 1969 hin. Kritikerinnen und Kritiker des NPT sind unzufrieden mit dessen Umsetzung, insbesondere was die Abrüstungsverpflichtungen der Nuklearwaffenstaaten (Artikel VI) betrifft. Einige argumentieren, dass der Atomwaffensperrvertrag mit dem Verbotsvertrag überholt sei. Der NPT weist aber in die Richtung, in die der Verbotsvertrag gehen soll. Artikel VI fordert ernsthafte Verhandlungen, die zur vollständigen Abrüstung führen sollen. Hingegen meinen zuweilen auch Kritiker des Verbotsvertrages, dass dieser den NPT unterlaufe, weil er ein alternatives Rüstungskontrollformat schaffe. Der Verbotsvertrag versteht sich aber nicht als Alternative, sondern als Komplementierung des NPT. Das Argument, das von Kritikerinnen und Kritikern des NPT und des Verbotsvertrages gleichermaßen vorgebracht wird, dass der NPT die bestehenden Nuklearwaffenmächte legitimiere und daher dem Verbotsvertrag widerspreche, ist unzutreffend. Die Erwähnung der Existenz der fünf Nuklearwaffenstaaten (USA, Sowjetunion, Frankreich, Großbritannien, China) im NPT war eine Momentaufnahme von 1967; sie ist keine Bestätigung des Status quo. Vielmehr verlangt der Abrüstungsartikel VI Abrüstungen.

Die Hauptargumente der Kritikerinnen und Kritiker des TPNW lauten, dass das weltweite Verbot nicht realistisch sei (Nordkorea wird als Beispiel angegeben) und dass das Wissen von Kernspaltung und -verschmelzung nicht verschwinde, was bedeutet, dass jedes Land in jedem Moment wieder Nuklearwaffen einführen könne. Deshalb sei die Einhaltung des Atomwaffenverbotsvertrages nicht überprüfbar. Das Argument, dass ein Inspektionssystem fehlerhaft sei, ist aber scheinheilig. Es gibt keinen „perfekten" Rüstungskontrollvertrag: Der Vertrag über strategische Offensivwaffen (SORT), abgeschlossen zwischen den USA und Russland 2002, hat fast keine Verifikationsbestimmungen; der Vertrag über das Nuklearprogramm des Iran und fünf Weltmächten von 2015 (JCPOA) mit dem historisch gesehen weitreichendsten Verifikationssystem aller Rüstungskontrollverträge wird von den USA und Israel verworfen; der Vertrag über das umfassende Nuklearwaffentestverbot (CTPT), dessen Einhaltung technisch ausgezeichnet überwacht werden kann (seismische Stationen, Messung von Edelgas), ist noch nicht in Kraft getreten; im Gegensatz dazu hat die Konvention über das Verbot von chemischen Waffen, deren Produktion und Besitz kaum festgestellt werden kann, seit 1993 Gültigkeit.

„Fehler" des Atomwaffenverbotsvertrages sollen wohl vom weitreichenderen Ziel des Vertrages ablenken. Die grundlegenden Differenzen zwischen Gegnern und Befürwortern des Vertrages liegen dagegen eher in der Stellung zur nuklearen Abschreckung. Erstere betrachten sie als friedenserhaltend, letztere als Basis für einen möglichen Nukleareinsatz oder gar -krieg.

4 Österreichs Initiativrolle als neutraler und Nicht-Nuklearwaffenstaat

Als nicht-nuklearer und neutraler Staat spielte Österreich bei der Ausarbeitung des Atomwaffenverbotsvertrages eine Initiativrolle. Der nuklearwaffenfreie Status Österreichs ist schon im Staatsvertrag von 1955 verbrieft. So heißt es im Artikel 13:

> „Österreich soll weder besitzen noch herstellen noch zu Versuchen verwenden: a) irgendeine Atomwaffe, b) irgendeine andere schwere Waffe, die jetzt oder in der Zukunft als Mittel für Massenvernichtung verwendbar gemacht werden kann und als solche

durch das zuständige Organ der Vereinten Nationen bezeichnet worden ist, […]".[3]

1999 erhob das österreichische Parlament den nuklearwaffenfreien Status Österreichs in den Verfassungsrang. Im Gegensatz dazu hatten das neutrale Schweden und die neutrale Schweiz, die so wie Deutschland und Kanada bis in die 1960er Jahre weitreichende Pläne über die Entwicklung von Nuklearwaffen (zu den Quellen siehe auch Gärtner 2017).

Bereits in den 1950er Jahren wurde Österreich Vorbild für den sogenannten Rapacki-Plan. 1957 und 1958 machte der polnische Außenminister Adam Rapacki Vorschläge über nuklearwaffenfreie Zonen, die Polen, die Tschechoslowakei, die Deutsche Demokratische Republik und die Bundesrepublik Deutschland umfassen sollte. Während der Plan bei den Staaten des Warschauer Vertrages auf Zustimmung stieß, lehnten die NATO-Staaten diesen ab, so auch die deutsche Regierung, die mit ihm die Westintegration der Bundesrepublik gefährdet sah (vgl. Adenauer 1967). Auch wenn der Rapacki-Plan nicht umgesetzt werden konnte, war er Modell für verschiedene Vorschläge von nuklearfreien Zonen in Europa. Zum Beispiel schlug die Palme-Kommission[4] eine nuklearwaffenfreie Zone auf dem „Gefechtsfeld" Zentraleuropa vor, die auf den Gürtel vom Baltikum bis zum Balkan ausgedehnt werden könnte. Das österreichische und schweizerische Außenministerium gaben eine Studie über eine potenzielle nuklearwaffenfreie Zone in Europa in Auftrag, die 2015 von der Hessischen Stiftung Friedens- und Konfliktforschung erstellt wurde (vgl. Müller et al. 2015). Das Projekt wollte die schlafende Debatte über dieses Thema

---

3 https://www.ris.bka.gv.at/GeltendeFassung.wxe?Abfrage=Bundesnormen&Gesetzesnummer=10000265. Zugegriffen: 1. August 2019.
4 Benannt nach dem schwedischen Premierminister Olof Palme.

wiederbeleben und in die Nuklearwaffenstaaten hineintragen sowie das Momentum über den Abrüstungsdiskurs aufrechterhalten.

Nicht nur diese strukturellen Voraussetzungen waren wichtig dafür, dass Österreich eine Initiativrolle in den Bemühungen um eine nukleare Abrüstung übernehmen konnte, sondern auch die Akteursrolle der Beamtinnen und Beamten aus Österreich und weiteren Ländern. Sie starteten 2010 eine europäische Debatte über die humanitären Konsequenzen von Nuklearwaffen – eine, die es schon in den 1980er Jahren gegeben hatte (vgl. u. a. AMBIO 1982). Es wurden von Österreich und einiger anderer Nicht-Nuklearwaffenstaaten „open-ended working groups" in Genf ins Leben gerufen. Nach drei Konferenzen in Oslo, Nayarit (Mexiko) und Wien kam es 2014 zum „Austrian Pledge", der später zum „Humanitarian Pledge" wurde. Nunmehr bildete sich eine breite Koalition von Nicht-Nuklearwaffenstaaten, die einen völkerrechtlich verbindlichen Prozess einforderten. Dieser gipfelte in einer Sonderversammlung der Vereinten Nationen in New York im Juni 2017.

5 Wer ist verantwortlich für die Polarisierung zwischen Nuklearwaffenstaaten und Nicht-Nuklearwaffenstaaten?

Mit dieser Initiative wurden zwei Gruppen sichtbar: diejenigen, die Nuklearwaffen behalten, und jene, die sie abschaffen wollen. Die Nuklearwaffenstaaten fühlen sich sicherer mit Nuklearwaffen und die Nicht-Nuklearwaffenstaaten sicherer ohne sie. Die Befürworterinnen und Befürworter des Atomwaffenverbotsvertrages argumentieren, dass Staaten mit Nuklearwaffen ein vorrangiges Ziel von Nuklearwaffen sind. Neben dem Erwerb von ziviler Nukleartechnologie war das ein Hauptgrund, warum die Nicht-Nuklearwaffenstaaten auf Nuklearwaffen verzichtet haben und als solche dem NPT beigetreten sind. Dass Nuklearwaffenstaaten primär Ziel eines Nuklearwaffeneinsatzes sind, sollte auch diese veranlassen, ihre Nuklearwaffen abzurüsten. Gerade sie und ihre Bevölkerung seien erstes Opfer eines Nuklearangriffes. Also, alle Staaten, nuklear wie nicht-nuklear, würden ohne Nuklearwaffen sicherer sein. Nukleare Sicherheit sei unteilbar!

Für die Nuklearwaffenstaaten wiederum ist nukleare Abschreckung ein unverzichtbares Konzept zur Friedenssicherung. Für die Vertragsbefürworterinnen und -befürworter ist es fraglich, ob Abschreckung überhaupt ein wirksames Instrument sei. Es ist nicht beweisbar, warum es bislang keinen Nuklearkrieg gegeben hat. Sicherheit kann besser durch Verringerung der Bedrohung denn durch Erhöhung der Nuklearkapazitäten erreicht werden. Wenn aber Abschreckung nicht funktioniert oder ein Nuklearangriff aus Versehen oder infolge eines technischen Fehlers erfolgt, sind die humanitären Konsequenzen katastrophal. Bei einigen Befürworterinnen und Befürwortern des Atomwaffenverbotsvertrages lassen sich durchaus auch widersprüchliche Argumentationen ausmachen, wenn sie erklären, dass nukleare Abschreckung keine Sicherheitsgarantie darstellen könne, gleichzeitig aber argumentieren, dass ein Versagen von Abschreckung katastrophale Auswirkungen hätte. Wenn man vom „Versagen" nuklearer Abschreckung spricht, nimmt man an, dass sie funktioniert.

Diese Polarisierung zwischen Nuklearwaffenstaaten und Nicht-Nuklearwaffenstaaten ist jedoch nicht auf den Atomwaffenverbotsvertrag zurückzuführen, sondern hat einen tieferen Grund: So beklagen die Nicht-Nuklearwaffenstaaten, dass die Nuklearwaffenstaaten ihre Abrüstungsverpflichtungen, die sie mit dem NPT (Artikel VI) eingegangen sind, nicht einhalten. Sie fühlen sich betrogen, weil sie den Nuklearwaffenbesitz aufgegeben oder nicht angestrebt haben, ohne dass sie die Gegenleistung der

Abrüstung der Nuklearwaffenstaaten dafür bekommen haben. Der Atomwaffenverbotsvertrag beabsichtigt, mit dem Verbot diese „rechtliche Lücke" zu schließen.

6 Schritte auf dem Weg zum Verbot von Kernwaffen

6.1 Negative Sicherheitsgarantien

Nuklearwaffenstaaten werden allerdings nicht so bald dem Vertrag beitreten und ihre Nuklearwaffen aufgeben. Um diese Polarisierung nicht zu verstetigen, müssen die Nuklearwaffenstaaten aber den Nicht-Nuklearwaffenstaaten etwas anbieten. Das könnten rechtlich verbindliche negative Sicherheitsgarantien sein (*Negative Security Assurances*, NSAs) sein, also die Verpflichtung der Nuklearwaffenstaaten, keine Nuklearwaffen gegen Nicht-Nuklearwaffenstaaten einzusetzen und sie nicht mit diesen zu bedrohen.

Auf den ersten Blick erscheint das kein allzu großes Verlangen zu sein, sind negative Sicherheitsgarantien doch weniger als der Verzicht auf den Ersteinsatz von Nuklearwaffen; sie schließen Nuklearwaffenstaaten nicht ein. Sie müssten allerdings auch für den Nicht-Einsatz gegen chemische und biologische Waffen gelten. Die *Nuclear Posture Review* enthält negative Sicherheitsgarantien als wesentliches Zugeständnis an Nicht-Nuklearwaffenstaaten bereits. Würden diese allerdings ernst genommen, müssten sie rechtlich verpflichtend gemacht werden. Das hätte weitreichende Konsequenzen: Die Protokolle zu den nuklearwaffenfreien Zonen, die negative Sicherheitsgarantien enthielten, müssten von den Nuklearwaffenstaaten unterzeichnet und ratifiziert werden. Die USA haben bislang nur die des Vertrages von Tlateloco (Lateinamerika) ratifiziert. Das ist die bislang einzige Verpflichtung, die Nuklearwaffenstaaten gegenüber den Staaten einer nuklearwaffenfreien Zone eingegangen sind.

6.2 Nuklearwaffenfreie Zonen und nuklearwaffenfreier Gürtel von der Mongolei bis Afrika

Nuklearwaffenfreie Zonen in Verbindung mit negativen Sicherheitsgarantien könnten auch zur Entspannung in der Golfregion führen. Um Befürchtungen der USA bezüglich des Nuklearprogrammes zu besänftigen, könnte der Iran anbieten, der nuklearwaffenfreien Zone in Zentralasien (Vertrag von Semipalatinsk) beizutreten. Zentralasien ist dem Iran historisch, sprachlich und kulturell viel näher als seinen arabischen Nachbarn, waren einige der zentralasiatischen Länder doch teilweise bis ins 19. Jahrhundert Teil Persiens. Im Gegenzug müssten die USA allerdings das Zusatzprotokoll des Vertrages ratifizieren, in dem sich Nuklearwaffenmächte verpflichten, Mitgliedsstaaten dieser Zone nicht mit Nuklearwaffen anzugreifen oder sie zu bedrohen. Der Iran käme damit in den Genuss dieser negativen Sicherheitsgarantien. Das wird umso dringlicher, als Trump dem Iran mehrmals mit der völligen Auslöschung gedroht hat. Unterzeichnet haben die USA den Vertrag von Semipalatinsk, aber bislang nicht ratifiziert.

Saudi Arabien hat angekündigt, dass es als Reaktion auf ein iranisches Nuklearprogramm Nuklearwaffen beschaffen würde. Das wäre ein erheblicher Rückschlag für die Nichtverbreitung von Nuklearwaffen. Hier könnten die USA ihre arabischen Verbündeten überzeugen, der nuklearwaffenfreien Zone Afrika (Vertrag von Pelindaba) beizutreten. Dazu müssten sie dessen Protokolle auch ratifizieren. Ägypten hat als einziges arabisches Land diesen Vertrag unterzeichnet, aber nicht ratifiziert. Die Nuklearwaffenmächte China, Frankreich, Großbritannien und Russland haben den Vertrag unterzeichnet und ratifiziert. Die USA hat ihn nicht ratifiziert.

Dieses Szenario würde Israels Sicherheit deutlich erhöhen, gleichzeitig aber auch die Begründung für seine Nuklearwaffen erheblich reduzieren. Die Bemühungen für eine nuklearwaffenfreie Zone im Mittleren Osten unter Einbeziehung Israels kamen wegen des Widerstandes der USA bislang nie sehr weit. An diesem Thema war auch schon die Überprüfungskonferenz des Atomwaffensperrvertrages 2015 gescheitert, wurde diese von den USA und Israel blockiert.

Ein Zusammenwachsen dieser nuklearwaffenfreien Zonen könnte zu einem nuklearwaffenfreien Gürtel von der Mongolei über Zentralasien und den Mittleren Osten bis Afrika führen. Der schmale chinesisch-russische Streifen zwischen der Mongolei und Kasachstan könnte leicht durch Verhandlungen mit Russland und China einbezogen werden. Eine nuklearwaffenfreie Zone Mittlerer Osten unter Einbeziehung Israels wäre damit nicht ausgeschlossen.

Der Iran könnte zudem den Atomwaffenverbotsvertrag unterzeichnen und ratifizieren. 2017 hat er für den Vertrag gestimmt. Zudem gibt es ein Gelöbnis (Fatwa) des obersten Führers Khamenini, dass der Iran nicht beabsichtigt, Nuklearwaffen zu besitzen oder anzustreben.

6.3 Erweiterte Abschreckung versus erweiterte negative Sicherheitsstrategien

Des Weiteren müssten die Nuklearwaffenstaaten auf ihre bisher mit negativen Sicherheitsgarantien verbundenen Bedingungen aufgeben, etwa dass Nicht-Nuklearwaffenstaaten nicht mit Nuklearwaffenstaaten verbündet sein oder als Aufmarschgebiet für diese benützt werden dürfen. Das hat wiederum Konsequenzen für das Prinzip der erweiterten Abschreckung (*extended deterrence*). Es ist das Versprechen, Nuklearwaffen auch im Falle eines Angriffes von Verbündeten einzusetzen oder mit ihnen zu drohen. Negative Sicherheitsgarantien sind hingegen die Verpflichtung, *nicht* Nuklearwaffen einzusetzen oder mit ihnen zu drohen. Somit stellt die erweiterte Abschreckung das Gegenteil von negativen Sicherheitsstrategien dar. Die erweiterte Abschreckung müsste also durch „erweiterte negative Sicherheitsgarantien" ersetzt werden. Wenn die Nuklearwaffenstaaten am Prinzip der erweiterten Abschreckung vorerst festhalten wollen, sollten sie mindestens die Bedingung fallen lassen, dass negative Sicherheitsgarantien nicht für Verbündete von Nicht-Nuklearwaffenstaaten gelten, solange dort keine Nuklearwaffen stationiert sind. Das würde also nicht für die Staaten gelten, die weiterhin nicht-strategische Nuklearwaffen auf ihren Territorien stationiert haben (wie die Türkei, Belgien, die Niederlande Deutschland und Italien).

7 Ausblick: Zwei Normensysteme

Der Verbotsvertrag hat das alte Normensystem der Abschreckung herausgefordert. Es ist dies der unbeugsame Glaube an die Wirksamkeit der nuklearen Abschreckung. Der Atomwaffenverbotsvertrag hingegen weist auf die desaströsen Konsequenzen hin, wenn Abschreckung fehlschlägt oder gar nicht funktioniert. Diese könnten nicht mehr durch menschliche Rationalität oder durch Technologie eingefangen werden. Während Nuklearwaffenstaaten vorgeben, dass Nuklearwaffen kontrollierbar seien und deren Einsatz begrenzt werden könne, wird dies von Befürworterinnen und Befürwortern des Vertrages vehement bestritten. Aber auch Verfechterinnen und Verfechter der nuklearen Abschreckung weisen auf die Unkontrollierbarkeit eines Nuklearkrieges hin, um die Abschreckungswirkung psychologisch glaubhafter darzustellen (vgl. den Beitrag von Peter Rudolf in diesem Band).

Es gibt verschiedene Vorstellungen, wie diese Polarisierung überbrückt werden kann: Nuklearwaffenstaaten wollen die Gemeinsamkeiten nur im Prinzip der Nichtverbreitung von Nuklearwaffen und nicht der Abrüstung sehen, was ihren Status absichern würde. Diese Vorstellung dürfte die Polarisierung nicht überwinden, war ja gerade die nicht eingehaltene Abrüstungsverpflichtung im Atomwaffensperrvertrag (Artikel VI) dieser Staaten Ursache der Polarisierung. Aktivistinnen und Aktivisten, die den Atomwaffenverbotsvertrag unterstützen, beabsichtigen, mit einer Stigmatisierung von Nuklearwaffen und Nuklearwaffenstaaten auch einen Stimmungsumschwung in der Bevölkerung dieser Staaten zu befördern (vgl. Sauer und Reveraert 2018). Sie verweisen darauf, dass in formaler Hinsicht Nuklearwaffenstaaten dem Atomwaffenverbotsvertrag beitreten können, wenn sie sich verpflichten, innerhalb eines gewissen Zeitraums überprüfbar Schritte zur vollständigen Beseitigung der Nuklearwaffen anzugehen.

Die Internationale Atomenergiebehörde hat sich bisher nicht bereit erklärt, derartige potenzielle Inspektionen vorzunehmen, um die Nuklearwaffenstaaten nicht zu verärgern. Der Vertrag sieht allerdings eine bisher nicht näher bestimmte zweite Verifikationsbehörde vor. Die USA kritisieren diese Vorkehrung als Verdoppelung der Verifikationsinstrumente. Allerdings sieht auch der Vertrag von Tlatelolco über eine nuklearwaffenfreie Zone in Lateinamerika von 1967 eine unabhängige zweite Verifikationsbehörde vor; dieser Vertrag wurde von den USA unterzeichnet und ratifiziert.

Auch Staaten, die mit Nuklearwaffenstaaten verbündet sind, können dem Verbotsvertrag beitreten, solange sie selbst nicht in nuklearwaffenbezogene Aktivitäten involviert sind (zum Beispiel die Stationierung von Nuklearwaffen). Der NATO-Vertrag von 1949 erwähnt Atomwaffen nicht, was NATO-Mitgliedern den Beitritt zum Atomwaffenverbotsvertrag ermöglichen würde. Mehrere mit Konsens angenommene NATO-Dokumente sprechen allerdings davon, dass nukleare Abschreckung notwendig sei, solange es Nuklearwaffen existieren (wie zum Beispiel die *Deterrence and Defence Posture Review* vom 20. Mai 2012).

Negative Sicherheitsgarantien bieten eine Brücke zwischen diesen beiden Normensystemen. Sie sollen jedoch keine Alternative zum Verbotsvertrag sein. Staaten, die in einem Bündnis mit einem Nuklearwaffenstaat sind, könnten dem Vertrag nur beitreten, wenn sie nicht in nukleare Aktivitäten (etwa der Stationierung von Nuklearwaffen) involviert sind. Diese Bedingung gilt auch, um in den Genuss von negativen Sicherheitsgarantien zu kommen.

Literatur

Adenauer, Konrad. 1967. *Erinnerungen 1955–1959*. Stuttgart: Deutsche Verlagsanstalt.
AMBIO. 1982. *Nach dem Atomschlag*. Frankfurt a. M.: Pergamon Press.
Gärtner, Heinz. 2017. *Der Kalte Krieg*. Wiesbaden: marixverlag.
Müller, Harald, Giorgio Franceschini, Aviv Melamud, Daniel Müller, Anna Péczeli und Annette Schaper. 2015. A Nuclear Weapon-Free Zone in Europe. Concept – Problems – Chances. https://www.bmeia.gv.at/fileadmin/user_upload/Zentrale/Aussenpolitik/Abruestung/NWFZE_Finalversion.pdf. Zugegriffen: 4. August 2019.
Sauer, Tom und Mathias Reveraert. 2018. The Potential Stigmatizing Effect of the Treaty on the Prohibition of Nuclear Weapons. https://www.tandfonline.com/doi/full/10.1080/10736700.2018.1548097. Zugegriffen: 4. August 2019.
U.S. Department of Defense. 2018. Nuclear Posture Review. Washington, D.C.

Nukleare Abschreckung in der Kritik politischer Ethik

Thomas Hoppe

1   Einleitung

Eine ethische Stellungnahme zu den Problemen nuklearer Abschreckungspolitik muss zwei Grundfragen stellen: (1) Wie sind die Motive, Beweggründe und Intentionen derjenigen einzuschätzen, die diese Politik für notwendig halten? (2) Mit welchen tatsächlichen Auswirkungen dieser Politik ist die Menschheit bis heute konfrontiert, welche sind für die nähere Zukunft absehbar, und wie sind sie ethisch zu kategorisieren? Keine dieser Fragen lässt sich beantworten, ohne dass komplexe Analysen und nur teilweise empirisch überprüfbare Annahmen berücksichtigt werden (vgl. den Beitrag von Peter Rudolf). Dies bietet daher Stoff für grundlegende Kontroversen auch bezüglich des ethischen Gesamturteils über das „System Abschreckung". Denn es handelt sich um einen Klärungsprozess hinsichtlich so genannter „gemischter Normen" (Schüller 1980, S. 313), in denen moralische Werturteile mit empirischen Tatsachenurteilen zusammentreffen. Entsprechend gilt es sorgfältig zu bestimmen und explizit zu markieren, ob eine Kontroverse auf einem Streit über moralische Werturteile beruht oder aber in einem Dissens hinsichtlich der Einschätzung von Faktenfragen gründet, wobei die moralische Basis der Beurteilung selbst nicht kontrovers ist. Das Zweite Vatikanische Konzil trug diesem Sachverhalt Rechnung, indem es in Bezug auf mögliche Differenzen unter Christinnen und Christen hinsichtlich der Bewertung sozialer und politischer Angelegenheiten ausdrücklich darauf hinwies, dass in solchen Fällen niemand das Recht habe, die Autorität der Kirche lediglich für sich und seine eigene Einschätzung in Anspruch zu nehmen (vgl. GS 43).

Erkenntnistheoretisch führt an einer solchen Zurückhaltung in der Tat kein Weg vorbei, da jegliches ethische Wissen, das es im Blick auf eine menschendienliche Gestaltung der Lebenswelt zu akquirieren gilt, prinzipiell den Charakter des Vorläufigen und Irrtumsanfälligen in sich trägt und mit den hier drohenden Gefahren stets zu rechnen bleibt. Im Bewusstsein, dass man „nach bestem Wissen und Gewissen" zu handeln hat, werden die Begrenzungen, unter denen auch das „beste Wissen" steht, ja gerade nicht bereits aufgehoben. Diese Situation fordert vielmehr dazu auf, bisherige Standpunkte regelmäßig daraufhin zu überprüfen, ob sie angesichts möglicherweise gewandelter Umstände noch zu überzeugen vermögen. Es erfordert auch den Mut, sie zu modifizieren oder sogar gänzlich zu revidieren, sollten sich die Grundlagen bisheriger Bewertungen allzu gravierend verändert haben. Je komplexer allerdings die jeweiligen Sachverhalte sind und je größer die Reichweite ihrer Auswirkungen, umso schwieriger wird es, diesen ethischen Herausforderungen in der Praxis gerecht zu werden.

2 Zur ethischen Aporetik der Abschreckungsdoktrin

Die nukleare Abschreckung stellt ein besonders aussagekräftiges Beispiel für diese Problematik dar. Vom Abwurf der beiden Atombomben auf japanische Städte im August 1945 bis in die Gegenwart unterlag nukleare Rüstung vielfältigen und sich verändernden Legitimationsmustern und zugleich damit auch Revisionen der für sie geltenden militärisch-politischen Strategien. Dies hing stark von den Umständen ab, durch die das internationale politische System geprägt war: Solange die USA als einzige über Kernwaffen verfügten, schienen diese ein hohes Maß an ungehinderter politischer Handlungsfreiheit zu sichern; dies änderte sich, als die Sowjetunion ab 1949 selbst Nuklearmacht wurde und in schnellem Tempo entsprechende Rüstungspotenziale aufwuchsen. Als in den 1960er Jahren die frühere amerikanische Überlegenheit im Nuklearbereich zunehmend zu schwinden begann und gesicherte Zweitschlagskapazitäten eine neue strategische Situation, ein nukleares Duopol, schufen, erschien vielen die Deklaration nuklearer Rüstung als „politische Waffen" wie eine hinreichend adäquate Beschreibung ihrer tatsächlichen Funktion, die infolgedessen auch als geeignete Grundlage für ihre ethische Bewertung infrage zu kommen schien.

Freilich leuchtete dies vom Standpunkt eines Landes aus, das selbst nicht über nukleare Rüstung verfügte und den Schutz nuklearer Garantien eines verbündeten Kernwaffenstaates gegen eine militärische Bedrohung von dritter Seite in Anspruch nahm, weitaus eher ein als aus der Sicht desjenigen Staates, der diese Garantenfunktion zu übernehmen hatte. Denn dieser war sich bewusst – und musste es auch sein! –, dass eine nukleare Drohung, auch wenn sie lediglich zur Abschreckung eines potenziellen Angreifers dienen sollte, ihre Funktion nur erfüllen konnte, wenn sie hinreichend glaubwürdig erschien. Die Frage, was getan werden könne und gegebenenfalls müsse, „if deterrence fails", drängte sowohl unter ihrem abschreckungslogischen Aspekt als auch unter ethischen Gesichtspunkten auf plausible Antworten. Mit fortschreitender Zeit erschienen Nukleardrohungen gegen gegnerische Bevölkerungszentren oder Drohungen mit ausgedehnter nuklearer Kriegführung, auch wenn sie sich nicht gegen Flächenziele richteten, immer weniger plausibel – ihr immenses Zerstörungsniveau ergab politisch-strategisch kaum Sinn, vor allem jedoch erschienen sie in Anbetracht der Folgen ihrer Realisierung für Abermillionen unschuldiger Zivilpersonen als nicht zu rechtfertigen (vgl. Kissinger 1974). Dies hatte zur Folge, dass sie sich gegen die moralischen Einwände einer zunehmend informierten Öffentlichkeit kaum verteidigen ließen.

Prägnant formulierte André Glucksmann die Problematik einer Drohung mit Handlungen, die man aus moralischen Gründen nie vollziehen dürfte, die aber mit der konditionierten Bereitschaft verbunden sind, dies eventuell doch zu tun:

> „Ich bedrohe dich ernsthaft, um dich einzuschüchtern, aber ich beschwichtige mich, indem ich mir zuflüstere, dass ich mich im letzten Moment enthalten werde. Wetten, dass? Bei der kleinsten Krise muss der Bluffer noch stärker auftragen oder sich entlarven lassen. [...] Das Täuschungsmanöver desjenigen, der innerlich und moralisch Aggressivität ablehnt, sie aber nach außen hin für nötig hält, fügt den üblichen Sünden der Abschreckung noch die der Unredlichkeit hinzu: man sagt, ich werde es tun, und denkt dabei, dass man es nicht tun wird, und weiß nicht, was man tun soll" (Glucksmann 1984, S. 306).

In Bezug auf das persönliche Ethos derer, die in diesem System aktive Verantwortung tragen, bedeutet dies, dass sie sich objektiv in einer Handlungssituation befinden, die ihnen bei Prüfung durch ein differenziertes Gewissensurteil kaum erträglich ist – oder aber ihre moralische Identität beschädigt (vgl. den Beitrag von Wolfgang Lienemann).

Die Rede von Atomwaffen als „politischen Waffen" erscheint angesichts dieser Sachlage lediglich als ein Palliativ – ein Mittel, um Einwände und Besorgnisse ruhig zu stellen, weil eine adäquate Antwort auf sie offenkundig nicht möglich ist. An der Fachdebatte zu Fragen nuklearer Abschreckung vornehmlich im angelsächsischen Raum lässt sich vielmehr seit Ende des Zweiten Weltkrieges ununterbrochen nachzeichnen, wie sehr die Ambivalenzen dieses Konzepts das Bewusstsein der Akteure bestimmen: Dient eine Minderung der verwüstenden Folgen nuklearer Kriegführung im Fall, dass die Abschreckung versagt, letztlich der Stabilisierung dieser Abschreckung durch eine Verringerung der selbstabschreckenden, die Glaubwürdigkeit der Abschreckungsdrohung mindernden Effekte? Oder setzt sie im Gegenteil nur die Gefahr dieses Scheiterns herauf, weil sie Illusionen über die Begrenzbarkeit nuklearer Einsätze nährt, die Hemmschwelle vor ihnen verringert und vor allem verhängnisvolle Instabilitäten in Krisensituationen erzeugt (vgl. den Beitrag von Peter Rudolf)? Lassen sich aber Garantien zugunsten nichtnuklearer Mächte aufrechterhalten, wenn sich nur die Alternative stellt, dass die Garantie im Ernstfall entweder nicht eingelöst wird oder zu unbegrenzter Vernichtung der in den Krieg verwickelten und der ihnen benachbarten Staaten, möglicherweise auch der gesamten Menschheit führt? Der Notwendigkeit einer Schadensbegrenzung im Kriegsfall wenigstens so weit wie möglich Rechnung zu tragen, ist eine dringende ethische Verpflichtung gerade für denjenigen, der über Nuklearwaffen und Optionen für ihren Einsatz verfügt. Sich eine Maximierung der Abschreckungswirkung dadurch zu erwarten, dass keinerlei Aussichten auf irgendeine Schadensbegrenzung im Fall des Versagens dieser Abschreckung bestehen, erweist sich demgegenüber als eine moralisch, aber auch politisch unhaltbare Position.

In den „Heidelberger Thesen" von 1959 wurde dieses Dilemma rekonstruiert und analysiert, erwies sich jedoch nicht als lösbar, ja nicht einmal als in signifikantem Umfang abzumildern. Es war nicht zuletzt ein Ausdruck intellektueller Redlichkeit, diesen Sachverhalt nicht beschönigend zu umschreiben, sondern klar zu markieren und damit deutlich zu machen, dass ein solches Konzept der Kriegsverhütung ethisch in schwerwiegender Weise problematisch ist, was auch immer unter den dadurch geschaffenen Rahmenbedingungen zur Verringerung dieser Problematik getan wurde und werden konnte (vgl. die Beiträge von Wolfgang Lienemann und Ines-Jacqueline Werkner). Die „Heidelberger Thesen" wie die Pastoralkonstitution „Gaudium et spes" des Zweiten Vatikanums (1965) kamen daher in der Forderung überein, das System nuklearer Abschreckung schnellstmöglich zu überwinden und zu Formen der Friedenssicherung zu gelangen, „die des Menschen würdiger sind" (GS 81).

3 Ende der ethischen „Tolerierbarkeit" nuklearer Abschreckung?

Im Blick auf die beiden eingangs genannten Fragen ist zunächst festzuhalten:

1. Das System nuklearer Abschreckung dient(e) einer doppelten Intention: Zum einen sollte ein verwüstender Dritter Weltkrieg verhindert werden. Zugleich ging es darum, Zielsetzungen verfolgen zu können, die nicht nur unter dem Aspekt vitaler Eigeninteressen von Staaten beziehungsweise Staatengruppen, sondern teilweise auch unter ethischer Rücksicht unverzichtbar erscheinen. Dies sollte mit politischen Mitteln geschehen, nur im Extremfall gegebenenfalls mit militärischen. Jedoch kam es

darauf an, dass die Nuklearschwelle nicht überschritten wurde. Hierbei wurde in der Regel ein weites Begriffsverständnis dessen zugrunde gelegt, was als verteidigenswert aufgefasst wurde. Das Streben nach Erhaltung und Erweiterung von Einflusssphären, auch mit den Mitteln der Machtprojektion, gehört(e) durchaus dazu; nach 1990 sah man sich jedoch wiederholt vor der Notwendigkeit, zum Schutz von Menschen angesichts humanitärer Notlagen und Katastrophen intervenieren können zu müssen (vgl. Werkner und Marauhn 2019). Die Handlungslogiken klassischer Großmachtpolitiken wurden und werden durch die Existenz von Nuklearwaffen zwar nicht unerheblich eingeschränkt (vgl. den Beitrag von Peter Rudolf), entfalten jedoch auch unter diesen Bedingungen nach wie vor ein hohes Maß an Wirksamkeit.
2. Das Hauptproblem lag freilich weniger in der politischen Zielbestimmung als in den tatsächlichen Folgen der Einrichtung des Systems nuklearer Abschreckung. Mit der Zeit entwickelte sich ein beträchtliches Wissen aufseiten der Strategiefachleute hinsichtlich der vielen technischen wie nichttechnischen Fehlerquellen, die in eine nukleare Eskalation führen können, die in niemandes Absicht liegt, die aber auch niemand durch einen reinen Willensentschluss zu beenden vermag (vgl. bereits Iklé 1971; Ball 1981; Acton 2018 sowie den Beitrag von Jürgen Altmann, der die Erhöhung dieser Gefahr durch neue waffentechnologische Entwicklungen hervorhebt). Im Interesse der tatsächlichen Ausführbarkeit von Drohungen, die dem Ziel der Abschreckung dienen sollen, werden administrative und technische Vorkehrungen getroffen, deren Funktionsabläufe sich gegenüber Steuerungs- und Begrenzungsversuchen verselbständigen können. Gerade Eskalationsstrategien lassen ein hohes Maß an solchen verhängnisvollen Eigendynamiken befürchten. Mit anderen Worten: Es müsste so viel „gut gehen",

dass die Annahme, dass es schief gehen dürfte, erdrückend mehr und bessere Gründe für sich geltend machen kann (vgl. Russett 1984). Mit überwältigender Wahrscheinlichkeit ist davon auszugehen, dass eine einmal begonnene nukleare Kriegführung binnen kürzester Zeit jene ethischen, aber auch durch das humanitäre Völkerrecht gezogenen Grenzen sprengen dürfte, die sich aus den Grundsätzen der Verhältnismäßigkeit und der Schonung von unbeteiligten Zivilpersonen ergeben – selbst wenn, wie Hans-Joachim Heintze feststellt, davon auszugehen ist, „dass sich hinsichtlich der Nuklearwaffen erhebliche rechtliche Grauzonen auftun."

Eine solche dauerhaft hingenommene Risikolage ist für die ethische Beurteilung des Gesamtsystems „Abschreckung" von direkter und zentraler Bedeutung. In jüngster Zeit mehren sich diejenigen Positionsbestimmungen, die die Zeit für eine endgültige Absage an eine weitere ethische Tolerierung dieses Systems für gekommen halten. Die Frage ist jedoch notwendig, worin die Alternative liegen soll, solange die Handlungslogiken in der Politik großer Mächte sich nicht grundlegend verändern lassen. Dass eine solche Veränderung realistischerweise zu erwarten ist, muss jedoch bezweifelt werden. Ganz im Gegenteil spricht die Tatsache, dass sich eine sukzessive Abkehr der Großmächte vom Prinzip des Multilateralismus in den internationalen Beziehungen und eine zunehmende Erosion seiner Institutionen feststellen lässt, eher für eine Revitalisierung von Politikkonzepten, die mit einer endemischen Kriegsanfälligkeit verbunden sind. Die Heidelberger These 3 formulierte schon 1959 weitsichtig: „Der Krieg muss in einer andauernden und fortschreitenden Anstrengung abgeschafft werden", und in der Pastoralkonstitution heißt es:

„Die göttliche Vorsehung fordert dringend von uns, dass wir uns von der alten Knechtschaft des Krieges befreien. Wohin uns der verhängnisvolle Weg, den wir beschritten haben, führen mag, falls wir nicht diesen Versuch zur Umkehr machen, das wissen wir nicht" (GS 81).

Beide Dokumente sehen nur in der Überwindung der Institution des Krieges selbst einen Ausweg aus den Aporien der nuklearen Abschreckung – beide sind jedoch geprägt von der Skepsis, ob dieser Weg sich eröffnen lässt, bevor der Prozess nuklearer Rüstung und Gegenrüstung „all das tödliche Unheil bringt, wozu er schon jetzt die Mittel bereitstellt" (GS 81).

Ein Konzept von Ethik, das für die Folgen politischen Handelns sensibel ist, wird daher einerseits zu würdigen wissen, dass immer mehr Menschen ihre Abscheu vor den heutigen Möglichkeiten organisierter Gewaltanwendung zum Ausdruck bringen – und andererseits beachten, dass sich damit allein an den Bedingungen, unter denen Gewalt entsteht, noch nichts Wesentliches verändern lässt. Die Frage, wie eine neue Weltordnung aussehen wird, die aus der Krise des Multilateralismus erwächst, ist ebenso prognostisch ungeklärt wie die dazu vorliegenden Entwürfe umstritten sind. Im Versuch, das System nuklearer Abschreckung gegen die ihm inhärente Gefahr, dass es versagt, zu stabilisieren, reproduzieren sich jene Zielkonflikte zwischen Kriegsverhütung und Aussichten auf Schadensbegrenzung im Fall des Scheiterns, von denen schon die strategischen Planungen seit den ersten Nachkriegsjahrzehnten geprägt waren – unter modernisierten technischen Parametern und im Rahmen der Verschiebungen internationaler politischer und militärischer Kräfteverhältnisse, noch verstärkt durch Prozesse nuklearer Proliferation. Eine grundlegende konzeptionelle Idee, wie man dieser fatalen Logik, in der die Welt sich gefangen sieht, entkommen könnte, ist derzeit nirgendwo erkennbar.

4 Zu den historisch-politischen Wurzeln des Abschreckungskonzepts

Eine solche Analyse scheint viel – zu viel – zu konzedieren: Kapituliert nicht vor den faktischen Gegebenheiten – anstatt den Versuch zu machen, sie zu verändern und aufzubrechen –, wer zugesteht, dass das, was sich real an Rüstungsprozessen im Nuklearbereich vollzieht, wenigstens aufseiten der Großmächte vertrauten, aber auch durchdachten Entscheidungsmustern folgt? Stellt er damit nicht herkömmliche Handlungsbedingungen ebenso in Rechnung wie gleichzeitig auf Dauer? Gespräche und Verhandlungen, so notwendig sie sind, ändern den Handlungsrahmen selbst nicht, doch können sie die Größe des Risikos, das durch diesen Rahmen bewirkt wird, nicht unerheblich beeinflussen. Das Schicksal des INF-Vertrags zeigt freilich, dass selbst epochale Durchbrüche auf dem Feld der Rüstungskontrolle und Abrüstung reversibel sind, und dass auch hierfür – leider – Gründe maßgeblich werden, die sich nicht einfach von der Hand weisen lassen.

Zu erinnern ist an die Umstände, unter denen das Nuklearzeitalter begann: Ausschlaggebend war die Angst der Welt vor einer tödlichen Gefahr, die von Nazideutschland ausging und die sich durch eine Atomwaffe in deutscher Hand ins Ungemessene gesteigert hätte. Durch die zentrale Funktion des Physik-Nobelpreisträgers Werner Heisenberg als wissenschaftlicher Leiter des deutschen Nuklearforschungsprogramms erschienen diese Sorgen mehr als wohlbegründet. Erst nach dem Ende des Krieges in Europa stellten die Alliierten fest, dass der deutsche Forschungsstand im Frühjahr 1945 demjenigen entsprach, über den die USA infolge des „Manhattan-Projekts" unter Leitung von J. Robert Oppenheimer bereits 1942 verfügten. Im weiteren Verlauf der nuklearen Rüstungsdynamik spielten kollektive Ängste vor den Fähigkeiten und vermuteten Absichten konkurrierender Mächte ebenfalls eine entscheidende Rolle – nur deswegen konnte verhandelte Rüstungskontrolle funktionieren: Sie machte die Möglichkeiten der jeweiligen Gegenseite transparent und berechenbar. Dadurch konnten die Tendenz zur Verstärkung vorhandener Sorgen über deren Intentionen und ihre schädlichen Auswirkungen auf eine Politik der Kriegsvermeidung hinreichend gedämpft werden.

Solche Ängste sind heute nicht weniger wirksam als in der Vergangenheit, und sie speisen sich aus Prozessen und Ereignissen, die sie tatsächlich oder vermeintlich bestätigen. Das Fatale dieser Situation besteht darin, dass Instabilität selbst dann einzutreten droht, wenn keine der beteiligten Seiten aggressive Absichten verfolgt. Carl Friedrich von Weizsäcker wies bereits zehn Jahre vor Ende der bipolaren Blockkonfrontation während des Kalten Krieges darauf hin, „dass eine allerseits defensive, aber misstrauische Politik ausreicht, um unbegrenztes (oder erst durch ökonomische Unerträglichkeit begrenztes) Wettrüsten zu erklären" (Weizsäcker 1979, S. 38f.). Das Ende des INF-Vertrags wird sowohl von amerikanischer als auch von russischer Seite wesentlich damit begründet, dass es dieses Abkommen nicht erlaube, der wachsenden Bedrohung in Asien durch chinesische Mittelstreckensysteme adäquat zu begegnen (vgl. Meier 2019; Kornelius 2019). So trägt die tatsächliche Entwicklung der nuklearen Dispositive erheblich dazu bei, jenes Minimum an Vertrauen in die grundsätzliche Friedensbereitschaft und -fähigkeit politischer Gegner entweder gar nicht erst entstehen zu lassen oder aber wieder zu verlieren, ohne welches verlässliche rüstungskontroll- und abrüstungspolitische Absprachen nicht mit Leben erfüllt werden können (vgl. Kane 2019). Diese Konstellation weist daher deutlich Züge einer tragischen Situation auf, gerade weil die Entscheidungsfindung auf allen Seiten nur auf Vorsichtsmaßnahmen zu beruhen braucht, die aus ihrer jeweiligen Sicht rational erscheinen, um die beschriebene Problematik entstehen zu lassen (vgl. Mearsheimer

2001 sowie den Beitrag von Peter Rudolf).¹ Auch die Zunahme der Proliferationsdynamiken im Nuklearbereich lässt sich wenigstens teilweise darauf zurückführen, dass Staaten eine Risikovorsorge in einem als zunehmend instabil beurteilten internationalen Umfeld treffen wollen (vgl. den Beitrag von Hans-Joachim Heintze). Durch nukleare Proliferation verkomplizieren sich jedoch auch Bemühungen um Rüstungskontrolle und Abrüstung in dem Maße, in welchem „die Nuklearordnung einen multipolaren Charakter" annimmt (Peter Rudolf).

5 Schritte auf dem Weg zur Überwindung der nuklearen Abschreckung

Zu der Einschätzung, unter den obwaltenden politischen Bedingungen sei bestenfalls eine Stabilisierung der Rüstungsentwicklung möglich, nicht aber die Überwindung der Institution des Kriegs und damit des Systems gegenseitiger Abschreckung, gelangte Carl Friedrich von Weizsäcker in seiner umfassenden Studie „Wege in der Gefahr" im Jahr 1976. Er war überzeugt, dass es eines grundlegenden „Bewusstseinswandels" bedürfe, um „neue Problemlösungen zu finden" (Weizsäcker 1976, S. 254). Allein die Negation der bestehenden Weltverhältnisse reiche dafür nicht hin,

---

1 Der ehemalige US-amerikanische Verteidigungsminister Robert S. McNamara sah in dieser Konstellation einen der wichtigsten Gründe für die Zuspitzung der Kubakrise im Oktober 1962: Alle entscheidenden Akteure – John F. Kennedy, Nikita Sergejewitsch Chruschtschow und Fidel Castro – hätten aus ihrer jeweiligen Perspektive rational gehandelt, und doch sei es nur Glück gewesen, dass ein weltweiter Atomkrieg letztlich vermieden werden konnte (vgl. Interview mit Errol Morris im Dokumentarfilm „The Fog of War", USA 2003).

da „diese Versagung in sich selbst kein Problem löst" (Weizsäcker 1976, S. 254). Um den

> „Schritt zur Überwindung des Konfliktaustrags durch den Krieg zwischen souveränen Mächten [...] denkbar zu machen, müssen wir [...] in die Grundlagen politischen Verhaltens überhaupt eindringen und Motive ansprechen, die viel mehr, nämlich die Überwindung der Machtkämpfe überhaupt zum Ziel haben" (Weizsäcker 1976, S. 262).

Die Aufgabe des geforderten Bewusstseinswandels beschrieb Weizsäcker folgendermaßen:

> „Wenn alle Agenten sich von Vernunft leiten ließen, wären alle in diesem Buch besprochenen politischen Probleme lösbar. [...] Vermutlich wäre [...] schon eine allgemeine Vernünftigkeit hinreichend. Jeder weiß, dass man auch diese nicht durch Appelle schaffen kann. Politische Systeme neigen zu der Meinung, dann könne es auf die primäre Vernünftigkeit auch nicht ankommen, vielmehr müsse man organisatorische oder wirtschaftliche oder gesellschaftliche Bedingungen schaffen, welche entweder die Menschen von selbst vernünftig reagieren lassen oder aber der Vernunft nicht bedürfen. Daran ist so viel richtig, dass es objektive Lebensbedingungen gibt, welche die Erziehung und Bestätigung vernünftiger Wahrnehmung hindern. Aber Vernunft wird nicht durch materielle Bedingungen hervorgerufen, sondern nur durch den Anruf der Vernunft selbst" (Weizsäcker 1976, S. 265).

In der Entscheidung zur Vernünftigkeit, die die herkömmliche Orientierung nur an Partikularinteressen überschreitet und dazu befähigt, das Gesamtinteresse der Weltgemeinschaft angemessen wahrzunehmen, wird eine Transformation klassischer außenpolitischer Kalküle in „weltinnenpolitisches" Denken möglich. Und nur in dieser Perspektive, so ist der Autor überzeugt, lässt sich schließlich auch die Institution des Krieges überwinden – wenn überhaupt (vgl. Weizsäcker 1976, S. 261). Dieses Ergebnis ist einerseits um des Überlebens der Menschheit willen anzustreben, doch andererseits ist ungewiss, ob es sich erreichen lassen oder aber hiermit eine praktisch unmögliche Zielbestimmung formuliert wird. In beiden Fällen steht fest, dass dieser Prozess nur langfristig eine Chance hat und es kurz- und mittelfristig, das heißt in vorhersehbaren Zeiträumen, bei den politischen und militärischen Grundgegebenheiten bleiben wird. Deswegen legte Weizsäcker Wert auf die Feststellung, dass alle für die Gegenwart und absehbare Zukunft formulierbaren Empfehlungen in dem Sinne konservativ seien, dass sie diese Gegebenheiten voraussetzen und sich darauf beschränken, die mit ihnen verbundenen Stabilitätsrisiken zu mindern (vgl. Weizsäcker 1976, S. 236).

Der nuklearen Abschreckung jegliche weitere Tolerierung zu entziehen, kann daher politisch-ethisch nur fruchtbar wirken, wenn sich dadurch der Schritt hin zur Überwindung der Institution des Krieges verkleinern lässt. An der Verkopplung beider Zielsetzungen ändert sich dadurch jedoch nichts – also auch nicht daran, dass selbst eine umfassende moralische Ächtung von Atomwaffen deren tatsächlichen, in der derzeitigen Krise multilateraler Weltordnungskonzepte wieder zunehmenden politischen Stellenwert bis auf weiteres nicht mindern wird. Es ist kein Zufall, dass zahlreiche Texte, in denen die ethische Problematik der nuklearen Abschreckung traktiert wird, nicht so weit gehen, daraus die Forderung nach sofortiger und umfassender einseitiger Abrüstung im Nuklearbereich abzuleiten. Dies wäre infolge eines moralischen Verwerfungsurteils im Grunde nur konsequent. Doch ist den jeweiligen Autoren offensichtlich bewusst, welche neuen Gefahren dadurch in einer Welt entstünden, in der andere Staaten ihre nuklearen Rüstungen beibehalten – zumal solche, die dafür bekannt sind, dem Respekt vor Menschenwürde und Menschenrechten wie dem Interesse an nachhaltiger Friedensgestaltung bestenfalls nachrangige Bedeutung zuzumessen und ihre politische Praxis entsprechend auszurichten (vgl. den Beitrag von Ines-Jacqueline Werkner). Wolfgang Lienemann konstatiert:

> „Eine [...] nuklearpazifistische Position zu vertreten, ist [...] nur sinnvoll und glaubwürdig, wenn man willens und fähig ist, die damit unvermeidlich implizierten Folgen gründlich zu diskutieren, alternative Formen internationaler Rechtswahrung und -durchsetzung vorzuschlagen und mit starken Argumenten zu verteidigen" (vgl. auch die prozesslogisch orientierte Argumentation im Beitrag von Klaus Ebeling).

Gerade die Aporien des Abschreckungskonzeptes lassen einen einseitigen Verzicht auf nukleare Waffen kaum möglich erscheinen. Denn die unter solchen Voraussetzungen entstehenden Asymmetrien würden Erpressungspotenziale schaffen, die souveräne Staaten, die dem Schutz ihrer Bürgerinnen und Bürger verpflichtet sind, nicht akzeptieren könnten. Dies gilt noch verstärkt für den Fall, dass auch auf konventioneller Ebene eine starke Überlegenheit des nuklear bewaffneten Staates bestünde, die von nichtnuklearen Staaten aus sicherheits- und stabilitätspolitischen Überlegungen, aber auch aus technologischen und finanziellen Gründen nicht ausgeglichen werden könnte. Auch die erhebliche Dynamik, die im Prozess nuklearer Proliferation zu beobachten ist, speist sich nicht zuletzt aus der Befürchtung, dass sich eine Verzichtsentscheidung nicht auszahlen dürfte, sondern es wahrscheinlicher erscheint, dass sie politisch mit einem Verlust an Selbstbehauptungsfähigkeit bestraft wird. Deswegen sieht selbst der Kernwaffenverbotsvertrag (TPNW) von 2017 vor,

> „dass in formaler Hinsicht Nuklearwaffenstaaten dem Atomwaffenverbotsvertrag beitreten können, wenn sie sich verpflichten, innerhalb eines gewissen Zeitraums überprüfbar Schritte zur

vollständigen Beseitigung der Nuklearwaffen anzugehen" (Heinz Gärtner).

Die einzugehenden Verpflichtungen sollen gegenüber potenziell beitrittswilligen Staaten nicht prohibitiv wirken.

Umso mehr kommt es daher weiterhin darauf an, unter den fortdauernden Rahmenbedingungen nuklearer Abschreckung die ihr inhärenten Risiken zu minimieren. Hierfür bestehen technische, vor allem jedoch politische Möglichkeiten. Auf technischer Seite kann in vielfacher Hinsicht Vorsorge gegen einen unbeabsichtigten Einsatz von Atomwaffen getroffen werden. Diese Vorgehensweise hat sich seit Beginn des Nuklearzeitalters in zahlreichen, teilweise überaus kritischen Situationen bewährt. Deren wiederholtes Auftreten machte aber eben auch deutlich, wie prekär die Methode der Kriegsverhinderung durch Abschreckung ist – die Rede vom „Damoklesschwert" nuklearer Vernichtung ist daher keineswegs als übertriebene Rhetorik abzutun. Politisch lässt sich das numerische wie qualitative Niveau der nuklearen Potenziale durch verabredete Rüstungskontrolle begrenzen und reduzieren, wobei technische Möglichkeiten der Verifikation mangelndes oder fehlendes Vertrauen in die Vertragstreue der Beteiligten wenigstens zu erheblichen Teilen kompensieren können. Das Modell einer fair ausgehandelten Rüstungssteuerung, die sich verändernde politische, technische und strategische Situationsumstände, vor allem die zunehmend „multipolaren" Ausprägungen der „Nuklearordnung" (Peter Rudolf), angemessen und flexibel berücksichtigt, erscheint damit auch zukünftig als dringend erforderliche politische Strategie im Umgang mit den Gefahren nuklearer Abschreckung. Nur so können die beobachtbaren Trends hin zu einer immer weitergehenden Unterhöhlung der Stabilität dieses Systems gerade in Krisenzeiten gestoppt werden. Dazu muss auch die Einbeziehung derjenigen Technologien gehören, die sich nicht unmittelbar, wohl aber mittelbar auf diese Stabilität und damit auf die Chancen künftiger Kriegsverhinderung auswirken (vgl. Thränert 2019).

Rüstungssteuerung und Abrüstung im Nuklearbereich sind unter den gegenwärtigen Bedingungen komplizierter geworden als in der Vergangenheit. Sie müssten jedoch wie bisher auf eine qualitative Veränderung der internationalen Beziehungen abzielen, nicht nur auf den Abbau von Potenzialen, die teilweise bei weitem überdimensioniert erscheinen. In diesem Sinne konstatiert beispielsweise auch der russische Experte für Fragen der Nuklearstrategie und nuklearer Abrüstung Alexey Arbatov, dass vereinbarte Rüstungskontrolle selbst in Zeiten hoher politischer Konfrontation zwischen Ost und West während des Kalten Krieges der wechselseitigen Sicherheit gedient und Entspannungspolitik erleichtert habe:

> "[A]rms control treaties […] have usually enhanced mutual security and facilitated détente. […] These agreements stimulated broader progress in nuclear-arms limitation, reduction and elimination, enhancing international security, improving US-Soviet relations and helping to end the Vietnam War. Conversely, the break-down of arms control negotiations or refusal to ratify agreements has always damaged security and never helped resolve other international problems" (Arbatov 2019, S. 31).

Rüstungskontrollpolitik müsste den Übergang zu stabileren sicherheitspolitischen Strukturen zu antizipieren suchen und ihn zugleich dadurch erleichtern, dass die neu entstehenden Konstellationen und Kräfteverhältnisse in solchen Strukturen funktional erscheinen und ihre Stabilität fördern (vgl. Bandarra 2019; Meier 2019).

Nur so dürften auch regionale und globale sicherheitspolitische Arrangements entstehen können, die als Bausteine einer dauerhaften Weltfriedensordnung zu dienen vermögen. Ethisch akzeptabel wird eine solche Ordnung freilich nur dann sein können, wenn in ihr der Schutz der Würde eines jeden Menschen durch eine Garantie seiner Menschenrechte verlässlich gewährleistet ist, die Rede von einer solchen Ordnung sich also nicht lediglich als euphemistische Umschreibung für eine Despotie in globalem Maßstab erweist, aus der es kein Entrinnen gäbe. Denn auch in einer solchen Entwicklung liegt eine reale Möglichkeit – und damit eine ernstzunehmende Gefahr:

> „Evident ist, dass der Weltstaat eine Gefahr für die Freiheit und ein Promotor der Nivellierung der Kulturen wäre, und mit beiden eine Gefahr für die Quellen der Vernunft. Das Ziel, das wir unserem Bewusstseinswandel setzen, sollte also […]. sein, Strukturen wachsen zu lassen, die [den Weltstaat] vielleicht ersetzen können, und die ihn, wenn er käme, erträglich machen würden. Es müssen Strukturen sein, die die Anwendung weltpolitischer Vernunft herausfordern und erleichtern" (Weizsäcker 1976, S. 263).

Die Wahrnehmung dieser Gefahr erklärt die Zurückhaltung und Skepsis gegenüber (zu) großen Entwürfen und spricht dafür, schrittweise und auf Sicht Verbesserungen anzustreben, so dass sich der eingeschlagene Kurs revidieren lässt, sollten seine Resultate eher auf eine Verschlechterung der Weltverhältnisse hinauslaufen.

So bleibt die Existenz der Menschheit unter dem Vorzeichen jederzeit möglicher umfassender Vernichtung vor allem eines: ein Indikator ihrer Friedlosigkeit, die durch vielfältige Möglichkeiten, dies ideologisch entweder zu legitimieren oder aber zu verdecken, nur noch verstärkt wird. Abschreckungspolitik versucht, die Risiken dieser Existenz erträglich zu machen, und reproduziert diese dadurch zugleich. Die ethische Kritik daran führt zu einer notwendigen Schärfung des Bewusstseins über diese Situation, kann aber ihrerseits nur Zielsetzungen und Kriterien für die Schaffung einer friedvolleren Welt benennen, ohne die Aporien des gegenwärtigen Zustands aufheben oder verlässliche Wege aus ihnen heraus weisen zu können, deren je eigene Risiken als hinnehmbar zu gelten hätten – es bleiben daher, wie immer sie ausgestaltet werden mögen, „Wege in der Gefahr".

Literatur

Acton, James M. 2018. Escalation through Entanglement. How the Vulnerability of Command-and-Control Systems Raises the Risks of an Inadvertent Nuclear War. *International Security* 43 (1): 56–99.

Arbatov, Alexey. 2019. Mad Momentum Redux? The Rise and Fall of Nuclear Arms Control. *Survival* 61 (3): 7–38.

Ball, Desmond. 1981. *Can Nuclear War Be Controlled?* London: International Institute for Strategic Studies.

Bandarra, Leonardo. 2019. *Towards a Global Zero for Nuclear Weapons: Three Lessons from Latin America*. Hamburg: German Institute for Global and Area Studies.

Glucksmann, André. 1984. *Philosophie der Abschreckung*. Stuttgart: Deutsche Verlags-Anstalt.

Iklé, Fred Charles. 1971. *Every War Must End*. New York: Columbia Univ. Press.

Kane, Angela (Int.). 2019. Was bedeutet Abschreckung wirklich? https://www.ipg-journal.de/interviews/artikel/was-bedeutet-abschreckung-wirklich-3494/. Zugegriffen: 4. Juni 2019.

Kissinger, Henry A. 1974. *Kernwaffen und auswärtige Politik*. 2. Aufl. München: Oldenbourg.

Kornelius, Stefan. 2019. USA wollen mit Chinas Raketenarsenal mithalten. *Süddeutsche Zeitung* vom 5. August 2019, S. 7.

Mearsheimer, John J. 2001. *The Tragedy of Great Power Politics*. New York: Norton.

Meier, Oliver. 2019. *Rüstungskontrolle jenseits des INF-Vertrags. Ansätze zur Kontrolle von Mittelstreckenraketen nach dem Ende des Abkommens*. Berlin: Stiftung Wissenschaft und Politik.

Russett, Bruce M. 1984. Ethical Dilemmas of Nuclear Deterrence. *International Security* 8 (4): 36–54.

Schüller, Bruno. 1980. *Die Begründung sittlicher Urteile. Typen ethischer Argumentation in der Moraltheologie*. 2. Aufl. Düsseldorf: Patmos.

Thränert, Oliver. 2019. Die Rüstungskontrolle ist tot. Sie lebe hoch! Wie sie sich neu und multilateral aufstellen lässt. https://www.ipg-journal.de/rubriken/aussen-und-sicherheitspolitik/artikel/die-ruestungskontrolle-ist-tot-3605/. Zugegriffen: 19. Juli 2019.

Weizsäcker, Carl Friedrich von. 1976. *Wege in der Gefahr. Eine Studie über Wirtschaft, Gesellschaft und Kriegsverhütung*. München: Hanser.

Weizsäcker, Carl Friedrich von. 1979. *Diagnosen zur Aktualität*. München: Hanser.

Werkner, Ines-Jacqueline und Thilo Marauhn (Hrsg.). 2019. *Die internationale Schutzverantwortung im Lichte des gerechten Friedens*. Wiesbaden: Springer VS.

Zweites Vatikanisches Konzil. 1965. Pastoralkonstitution *Gaudium et spes*. Rom: Vatikan (= GS).

Autorinnen und Autoren

Jürgen Altmann, Dr. rer. nat. habil., Privatdozent am Lehrstuhl Experimentelle Physik 3 der Technischen Universität Dortmund

Klaus Ebeling, katholischer Sozialethiker (i. R.) und Philosoph, Forschungs- und Beratungstätigkeit im Bereich politischer Ethik, insbesondere Friedensethik und Moralpragmatik, Berlin

Heinz Gärtner, Dr. phil. habil., Professor für Politikwissenschaft, Institut für Politikwissenschaft an der Universität Wien und International Institute for Peace (IIP) in Wien

Hans-Joachim Heintze, Dr. iur. habil., Professor am Institut für Friedenssicherungsrecht und Humanitäres Völkerrecht an der Ruhr-Universität Bochum

Thomas Hoppe, Dr. theol. habil., Professor für Katholische Theologie unter besonderer Berücksichtigung der Sozialwissenschaften und der Sozialethik an der Helmut-Schmidt-Universität, Universität der Bundeswehr Hamburg

© Springer Fachmedien Wiesbaden GmbH, ein Teil von Springer Nature 2019
I.-J. Werkner und T. Hoppe (Hrsg.), *Nukleare Abschreckung in friedensethischer Perspektive*, Gerechter Frieden,
https://doi.org/10.1007/978-3-658-28059-8

Wolfgang Lienemann, Dr. theol. habil., Professor em. für Ethik am Institut für Systematische Theologie an der Universität Bern

Peter Rudolf, Dr. phil., Politikwissenschaftler an der Stiftung Wissenschaft und Politik in Berlin

Ines-Jacqueline Werkner, Dr. rer. pol. habil., Friedens- und Konfliktforscherin an der Forschungsstätte der Evangelischen Studiengemeinschaft e. V. in Heidelberg und Privatdozentin am Institut für Politikwissenschaft an der Goethe-Universität Frankfurt a. M.

The manufacturer's authorised representative in the EU is Springer Nature Customer Service Centre GmbH, Europaplatz 3, 69115 Heidelberg, Germany. If you have any concerns regarding our products, please contact ProductSafety@springernature.com

Printed and bound by CPI Group (UK) Ltd, Croydon, CR0 4YY
23/03/2026
02076744-0002